LIVRE DE RECETTES TURQUES.

LIVRE DE RECETTES TURQUES.

Par : Michelle Lee

Version 1.1 ~décembre 2021

Publié par Michelle Lee sur KDP

Toutes les informations contenues dans ce livre ont été soigneusement recherchées et vérifiées quant à leur exactitude factuelle. Toutefois, l'auteur et l'éditeur ne garantissent pas, de manière expresse ou implicite, que les informations contenues dans ce livre conviennent à chaque individu, situation ou objectif et n'assument aucune responsabilité en cas d'erreurs ou d'omissions.

Le lecteur assume le risque et l'entière responsabilité de toutes ses actions. L'auteur ne sera pas tenu responsable de toute perte ou dommage, qu'il soit consécutif, accidentel, spécial ou autre, pouvant résulter des informations présentées dans ce livre.

Toutes les images sont libres d'utilisation ou achetées sur des sites de photos de stock ou libres de droits pour une utilisation commerciale. Pour ce livre, je me suis appuyé sur mes propres observations ainsi que sur de nombreuses sources différentes, et j'ai fait de mon mieux pour vérifier les faits et accorder le crédit qui leur est dû. Dans le cas où du matériel serait utilisé sans autorisation, veuillez me contacter afin que l'oubli soit corrigé.

Contenu

MENEMEN.

INGRÉDIENTS POUR 3 PORTIONS.

- ✓ 5 Piments forts (longs piments doux pointus)
- ✓ 3 Œufs
- ✓ 4 tomates
- ✓ 2 oignons
- ✓ 200 g de bœuf haché ou 2 sucuks (saucisse à l'ail turque)
- ✓ Sel et poivre
- ✓ 2 cuillères à soupe d'huile d'olive.

PRÉPARATION

Temps total environ 20 minutes.

1. Lavez les poivrons, coupez-les en fines rondelles et émincez les oignons.
2. Faites chauffer l'huile dans la poêle, faites frire les poivrons et les oignons jusqu'à ce qu'ils soient tendres. Retirez brièvement le tout, faites frire la viande hachée avec un peu d'huile ou coupez le sucuk en tranches et faites-le frire. Ajoutez ensuite le mélange de poivrons et d'oignons à la viande hachée. Hachez finement les tomates et mélangez-les à votre goût avec du sel et du poivre.
3. Enfin, répartissez les œufs sur les légumes et le hachis, mais sans remuer. Mettez le couvercle sur la casserole et laissez mijoter à feu doux jusqu'à ce que les œufs prennent.
4. Ce plat est meilleur avec du pain ; il peut également être trempé.

SALADE DE TOMATES TURQUE.

INGRÉDIENTS POUR 4 PORTIONS.

Pour la salade:

- ✓ 100 g d'oignon
- ✓ ½ cuillère à café de sel
- ✓ 500 g de tomates
- ✓ 250 g de concombre
- ✓ 1 petit Piment fort
- ✓ ½ frette Persil, lisse
- ✓ Pour la vinaigrette :
- ✓ 25 ml Jus de citron, fraîchement pressé
- ✓ 25 ml d'huile
- ✓ Sel.

PRÉPARATION

Temps total environ 20 minutes.

1. Epluchez l'oignon. Coupez l'oignon en deux. Coupez l'oignon en tranches très fines, saupoudrez-le de sel et laissez-le reposer quelques minutes. Rincez brièvement les oignons et pressez-les bien. Epépinez les tomates et coupez-les en petits cubes. Epluchez le concombre, coupez-le en deux, épépinez-le avec une cuillère à café et coupez-le en petits cubes. Retirez les noyaux des poivrons et coupez la pulpe en petits dés. Arracher le persil des tiges et le hacher (pas trop finement).
2. Mélangez le jus de citron, l'huile et le sel et versez sur la salade.
3. Si les piments sont trop forts pour vous, prenez un poivron vert pointu et ajoutez un peu de poivre selon votre goût..

HOUMOUS AUX MERCEILES À LA TURQUE.

INGRÉDIENTS POUR 4 PORTIONS.

- ✓ 1 boîte de Pois chiches, 400 g, poids égoutté 250 g
- ✓ 2 gousses d'ail, râpées dans un mortier avec un peu de sel
- ✓ 2 cuillères à café d'huile d'olive
- ✓ 3 cuillères à café de jus de citron, fraîchement pressé
- ✓ 4 cuillères à café de pâte de sésame (tahini), de bonne qualité
- ✓ 1 cuillère à café de sel
- ✓ 1 cuillère à café de cumin
- ✓ 1 cuillère à café de paprika en poudre, doux et noble
- ✓ 1 cuillère à café de poudre de paprika, rose vif.

PRÉPARATION

Temps total environ 10 minutes.

1. Egouttez les pois chiches (ou utilisez la quantité appropriée de pois chiches auto-cuits). Si vous le souhaitez, gardez-en pour la garniture. Récupérez l'eau égouttée et réduisez en purée tous les ingrédients restants à l'aide du mixeur. Si la purée est trop ferme, ajoutez un peu de l'eau des pois chiches qui a été récupérée pour qu'elle ait la consistance approximative d'une purée de pommes de terre.
2. Si vous voulez prendre des pois chiches secs et les cuire vous-même, il est préférable de les faire tremper toute une nuit et de les faire bouillir dans suffisamment d'eau sans sel pendant environ 45 minutes. Cela doit également être pris en compte dans la quantité de sel pour le houmous, car les pois chiches en conserve sont généralement déjà salés.
3. Les pois chiches prêts à l'emploi peuvent être merveilleusement congelés et utilisés ensuite pour un nouveau houmous ou, par exemple, pour de délicieux ragoûts.

POIVRONS FARCIS AVEC SAUCE AU YAOURT.

INGRÉDIENTS POUR 4 PORTIONS.

- ✓ 5 Poivron
- ✓ 500 g de bœuf haché
- ✓ 1 gros oignon
- ✓ 2 orteils Ail
- ✓ 2 fédéral Persil
- ✓ 250 g de riz
- ✓ 100 g de raisins secs
- ✓ 2 pck. Tomate produite
- ✓ 1 tasse Yogourt, turc
- ✓ Huile
- ✓ Sel et poivre
- ✓ Curcuma
- ✓ Cumin
- ✓ Piment
- ✓ Paprika en poudre
- ✓ Cannelle.

PRÉPARATION

Temps total environ 1 heure 20 minutes.

1. Faites chauffer un peu d'huile d'olive dans une petite casserole, puis faites revenir le riz avec les raisins secs et le curcuma et déglacez avec environ 400 à 500 ml d'eau. Salez le riz et laissez-le mijoter à feu doux jusqu'à ce qu'il soit cuit mais qu'il ait encore du mordant. L'eau doit alors s'être évaporée.
2. Pendant que le riz cuit, faites frire le hachis avec l'oignon jusqu'à ce qu'il soit friable et préparez les poivrons : coupez un couvercle et évidez-les.
3. Lorsque le riz est prêt, en mélanger environ un tiers au hachis et l'assaisonner généreusement avec les épices mentionnées ci-dessus et le persil, qui a maintenant été finement haché (j'utilise toujours mon esge en un tournemain) (beaucoup aide beaucoup dans ce cas !) et mélanger, puis remplir les poivrons avec.
4. Placez les poivrons dans un plat à four, versez dessus les tomates assaisonnées (voir ci-dessus) et mettez le tout au four préchauffé à 180° pendant 45 minutes.
5. Pendant ce temps, remuez le yaourt plus le sel et l'ail avec le mixeur jusqu'à ce qu'il soit mousseux, et seulement quand le yaourt est dans le bol de service, couvrez la surface avec du paprika rose. Servir avec le reste du riz.

PIYAZ ; SALADE DE HARICOTS BLANCS TURCS.

INGRÉDIENTS POUR 4 PORTIONS.

- ✓ 1 grande boîte de haricots blancs
- ✓ 3 oignons
- ✓ 1 bouquet de persil
- ✓ 1 citron
- ✓ 4 cuillères à soupe de vinaigre
- ✓ 6 cuillères à soupe d'huile d'olive
- ✓ 1 pincée de sucre
- ✓ Sel
- ✓ Paprika en poudre, doux noble.

PRÉPARATION

Temps total environ 4 heures 30 minutes.

1. Egoutter les haricots, couper les oignons en fines lamelles, laver et hacher le persil, l'ajouter aux haricots avec les oignons.
2. Préparez la marinade à partir du jus de citron, du vinaigre, de l'huile, des épices et du sucre et mélangez-la aux haricots. Laissez reposer au réfrigérateur pendant environ 4 heures.

POIVRONS TURCS SORTANT DU FOUR - TRÈS CROUSTILLANTS.

INGRÉDIENTS POUR 2 PORTIONS.

- ✓ 6 Poivrons pointus, rouges, verts ou jaunes
- ✓ 1 botte d'oignons de printemps ou 1 gros oignon
- ✓ 3 tomates
- ✓ 2 cuillères à soupe d'huile
- ✓ Ail
- ✓ 125 g de fromage de brebis
- ✓ Camembert ou fromage blanc mélangé à du fromage râpé
- ✓ Sel et poivre
- ✓ Poudre de chili
- ✓ Thym
- ✓ Origan
- ✓ Basilic.

PRÉPARATION

Temps total environ 40 minutes.

1. Coupez délicatement les couvercles des poivrons et retirez-les en les faisant tourner. Cette opération permet d'enlever presque entièrement l'enveloppe du noyau.
2. Remplissez les gousses avec le fromage de brebis coupé en 6 bandes allongées et placez-les dans un plat à four légèrement graissé. Ajoutez les oignons ou les oignons nouveaux finement hachés et les tomates coupées en tranches. Assaisonnez de sel et de poivre, d'un peu de piment et d'ail haché, saupoudrez généreusement de thym et d'origan et arrosez d'huile.
3. Placez dans le four préchauffé à 220 ° C en haut/bas pendant 20 minutes. À la fin du temps de cuisson, mélangez les oignons avec les tomates et le liquide obtenu. Parsemez de basilic haché avant de servir.
4. Le fromage de brebis fondu apporte le goût. Grâce au temps de cuisson court, les poivrons restent croquants.
5. Les pommes de terre en tranches ou les pommes de terre au four frites dans un peu d'huile accompagnent bien ce plat.

Conseil : Le camembert ou le fromage blanc mélangé à du fromage râpé peuvent également servir de garniture.

PIDE FARCI À LA TURQUE.

INGRÉDIENTS POUR 8 PORTIONS.

- ✓ 1 kg de farine
- ✓ 1 cube de levure
- ✓ 1 pck. Poudre à lever
- ✓ 150 g de yaourt nature (3,5% ou 1,5%)
- ✓ 4 Œufs
- ✓ 150 ml Huile, par ex. huile de tournesol B.
- ✓ 1 cuillère à soupe de sel
- ✓ 200 ml Eau, chaude
- ✓ 250 g Viande hachée
- ✓ 200 g Fromage de brebis
- ✓ 1 bouquet de persil
- ✓ 3 oignons moyens à gros
- ✓ 2 cuillères à soupe de concentré de tomates
- ✓ 2 cuillères à soupe de margarine
- ✓ 20 g de cumin noir
- ✓ 50 g de sésame
- ✓ Sel et poivre.

PRÉPARATION

Temps total environ 2 heures.

1. Mélangez la levure avec 1 cuillère à soupe de sel et 200 ml d'eau chaude jusqu'à ce que la levure soit dissoute. Ajoutez 3 œufs, le yaourt et l'huile, et mélangez bien le tout. Ajoutez la farine et la levure chimique et pétrissez la pâte à la main. Si elle devient trop collante, incorporez un peu plus d'huile. Laissez reposer pendant 30 minutes. Pendant le temps de repos, préparez les garnitures.
2. Pour la garniture à base de viande hachée, faites frire la viande hachée et l'oignon en dés dans la margarine. Lorsque la viande est brune et friable, faites rôtir le concentré de tomates et assaisonnez le tout avec du sel et du poivre.
3. Pour la garniture au fromage de brebis, mélangez bien le fromage émietté avec le persil haché.
4. Façonner la pâte en boules de la taille de petites mandarines. Badigeonner le plan de travail d'un peu d'huile et étaler les boules de pâte jusqu'à ce qu'elles aient la taille d'une soucoupe. Donnez ensuite la garniture désirée au centre des feuilles de pâte et pliez les cercles en demi-lunes. Du bout des doigts, appuyez sur les bords. Placez les demi-lunes de pâte sur une plaque à pâtisserie recouverte de papier sulfurisé et badigeonnez-les avec l'œuf battu. Saupoudrez de cumin noir et de graines de sésame à votre guise, puis faites cuire au four préchauffé à 200 degrés sur l'étagère du milieu pendant environ 15 minutes jusqu'à ce que la tarte soit dorée.

CASSEROLE D'ISKENDER AVEC SAUCE AU FROMAGE DE BREBIS.

INGRÉDIENTS POUR 4 PORTIONS.

- ✓ 500 g de veau ou de dinde, coupés en tranches
- ✓ 2 poivrons rouges, coupés en quartiers et en lanières
- ✓ 1 Oignon, coupé en quartiers et en rondelles
- ✓ 1 Gousse d'ail, réduite en purée avec un peu de sel
- ✓ 1 cuillère à soupe d'huile d'olive
- ✓ Thym
- ✓ Origan
- ✓ Menthe, selon le goût
- ✓ Sel et poivre.

Pour la sauce : (sauce tomate).

- ✓ 1 boîte de tomates, de bonne qualité
- ✓ 1 cuillère à café de miel
- ✓ Sel et poivre, fraîchement moulus
- ✓ ½ cuillère à café de paprika, (pul biber, paprika en plaquettes turques, très piquant).

Pour la sauce : (sauce au fromage de mouton).

- ✓ 200 g de fromage de brebis
- ✓ 200 ml de lait
- ✓ 1 cuillère à café de fécule de maïs
- ✓ 2 gousses d'ail, réduites en purée avec un peu de sel
- ✓ Sel et poivre
- ✓ Persil, selon le goût.

En plus de cela:

- ✓ ½ Pain plat, turc
- ✓ Huile d'olive
- ✓ Olives noires
- ✓ Persil, haché.

PRÉPARATION

Temps total environ 2 heures 30 minutes.

1. Mettez la viande dans un bol avec les poivrons, les oignons, l'ail, l'huile d'olive et les épices et laissez-la mariner à couvert pendant au moins 2 heures. Plus vous faites cela longtemps, plus le goût est intense, bien sûr. Je le fais généralement le matin pour le dîner du soir. Ensuite, la viande et les légumes sont brièvement saisis dans une poêle.
2. Transférer les tomates pour la sauce dans un bol et les hacher grossièrement avec un couteau. Ajouter ensuite les épices et le miel. La sauce est épicée et reste froide.
3. Pour la sauce au fromage de brebis, nous prenons un peu de lait et le mélangeons avec la fécule. Dans le reste du lait, nous laissons fondre à feu doux le fromage de brebis émietté, assaisonnons avec de l'ail, du sel et du poivre. Tout en remuant, on laisse la sauce bouillir brièvement, on ajoute la fécule et on laisse mijoter brièvement. Ce n'est pas grave s'il y a quelques petits morceaux de fromage dedans, au contraire. Enfin, incorporez le persil haché.
4. Coupez le pain plat en bandes d'environ 2 cm d'épaisseur, badigeonnez-le d'huile d'olive et, surtout, faites-le griller au four jusqu'à ce qu'il soit jaune doré et croustillant.
5. Jusqu'à ce stade, les différents composants peuvent être très bien préparés et pendant que le four chauffe à 200 ° en haut et en bas, commencer à superposer la cocotte : D'abord, le pain grillé est placé dans un plat à gratin, puis la viande et les légumes saisis la sauce tomate froide et enfin la sauce au fromage de brebis.
6. Maintenant, la cocotte est placée dans le four préchauffé pendant environ 15 minutes à 200 ° en haut et en bas et peut ensuite être servie immédiatement. Vous pouvez garnir de quelques olives noires et de persil.

BAKLAVA.

INGRÉDIENTS POUR 1 PORTION.

- ✓ 150 g Noisettes et/ou noix, hachées
- ✓ 100 g Amandes décortiquées moulues
- ✓ 75 g Pistaches, hachées
- ✓ 200 g de sucre
- ✓ ¼ cuillère à café de cannelle
- ✓ 250 g de beurre
- ✓ 450 g de feuilles de pâte (pâte filo), provenant du magasin turc
- ✓ 125 ml de miel
- ✓ 150 ml d'eau
- ✓ ½ Citrons.

PRÉPARATION

Temps total environ 1 heure.

1. Mélangez les amandes, les noix, les noisettes et 50 g de pistaches avec 4 cuillères à soupe de sucre et la cannelle.
2. Faites fondre le beurre et laissez-le refroidir. Graissez un moule allant au four avec du beurre et préchauffez le four à 200 ° (convection 180 °).
3. Placez toutes les feuilles de pâte les unes sur les autres, puis placez le moule allant au four à l'envers sur les feuilles de pâte et découpez une fois autour de la forme avec un couteau tranchant.
4. Badigeonnez les feuilles de pâte découpées de beurre et placez-les l'une après l'autre dans le plat. Normalement, vous avez environ 20 feuilles de pâte dans un paquet. Après environ 5 feuilles de pâte (cela peut varier), répartissez 1/3 du mélange de noix sur le dessus. Mettez 5 autres feuilles de pâte sur le dessus, puis mélangez les noix et répétez l'opération. Placez les feuilles de pâte restantes sur le dessus. Découpez en losanges ou en rectangles avec un couteau bien aiguisé. Badigeonnez avec le reste du beurre. Faites cuire au four pendant environ 25 minutes (attention !) jusqu'à ce qu'ils soient dorés.
5. Pendant la cuisson, faites bouillir 150 ml d'eau avec le miel et le reste du sucre pour obtenir un sirop pendant environ 10 minutes. Ajoutez ensuite un peu de jus de citron (mais pas trop) et laissez refroidir.
6. Sortez le baklava du four, laissez-le reposer pendant environ 5 minutes, puis versez le sirop dessus. Répartissez les pistaches restantes sur le dessus et laissez refroidir davantage.

PARTICULES DE LEVURE TURQUE.

INGRÉDIENTS POUR 4 PORTIONS.

- ✓ 2 tasse de lait
- ✓ 1 tasse d'huile
- ✓ 2 protéines
- ✓ 2 jaunes d'oeufs pour badigeonner
- ✓ 3 cuillères à soupe de sucre
- ✓ 2 cuillères à soupe de sel
- ✓ 1 cube de levure
- ✓ 1 kg de farine
- ✓ 200 g de fromage Feta
- ✓ Persil, lisse
- ✓ Sésame
- ✓ Farine pour le plan de travail.

PRÉPARATION

Temps total environ 2 heures 30 minutes.

1. Faites chauffer le lait tiède et dissolvez-y la levure. Ajoutez l'huile, le blanc d'oeuf, le sucre et le sel. Enfin, ajoutez la farine petit à petit et pétrissez-la pour obtenir une pâte. La pâte ne doit cependant pas devenir trop ferme et sèche. Saupoudrez-la de farine et laissez-la lever dans un endroit chaud pendant une demi-heure.
2. Ensuite, façonnez la pâte en boules (de la taille d'une mandarine). Laissez lever encore une heure sur une surface farinée et couverte. Émiettez la feta ; si vous le souhaitez, vous pouvez ajouter du persil plat écrasé.
3. Pressez les morceaux de pâte à plat avec vos doigts, placez la feta au milieu, roulez et formez un escargot. Badigeonner de jaune d'œuf. Saupoudrer de graines de sésame.
4. Faites cuire au four à 175 ° C pendant environ 15-20 minutes. Si les particules sont jaune doré, vous êtes dans le mille.

GÂTEAUX DE COURGETTES AVEC DIP AU YAOURT.

INGRÉDIENTS POUR 4 PORTIONS.

- ✓ 500 g de courgettes
- ✓ 100 g d'oignon
- ✓ 1 cuillère à soupe d'huile d'olive
- ✓ 100 g de fromage Feta ou autre fromage blanc à pâte molle
- ✓ 100 g de farine
- ✓ 4 œufs de taille moyenne ou grande
- ✓ 1 cuillère à soupe d'aneth
- ✓ 1 cuillère à café de sel
- ✓ ½ cuillère à café de poivre noir
- ✓ Huile pour la friture.

Pour l'immersion:

- ✓ 2 tasse de yaourt
- ✓ 1 orteil d'ail
- ✓ Sel.

PRÉPARATION

Temps total environ 40 minutes.

1. Pour la trempette, mélanger le yogourt, le sel et l'ail écrasé dans un petit bol.
2. Lavez les courgettes, épluchez les oignons et ne les râpez pas trop finement. Placez-les sur une passoire ou dans une étamine et pressez-les fermement.
3. Faites chauffer 1 cuillère à soupe d'huile d'olive et faites revenir les légumes pendant environ 1 minute, en remuant constamment. Laissez refroidir un peu dans un bol.
4. Mélangez le fromage, la farine et les œufs aux légumes. Ajoutez l'aneth, le sel et le poivre et mélangez bien le tout - faites chauffer beaucoup d'huile dans une poêle. Déposer le mélange à la cuillère en l'espaçant un peu et faire frire pendant environ 2 minutes de chaque côté jusqu'à ce que les gâteaux soient dorés. Egouttez-les sur du papier absorbant.
5. Se déguste froid lors d'un pique-nique ou sur un buffet ou chaud avec ou sans riz comme plat principal léger.

SALADE DE BULGUR KISIR-TURQUE.

INGRÉDIENTS POUR 5 PORTIONS.

- ✓ 250 g Bulgur (Köftelik), du supermarché turc
- ✓ Eau bouillante
- ✓ 2 cuillères à soupe de concentré de tomates
- ✓ 2 cuillères à soupe de pulpe de paprika
- ✓ 5 cuillères à soupe d'huile
- ✓ 1 oignon de taille moyenne, coupé en petits dés
- ✓ ½ concombre, évidé, coupé en petits dés
- ✓ 2 Tomates, évidées et coupées en petits dés.
- ✓ Quelques tiges de persil
- ✓ Sel et poivre
- ✓ 2 cuillères à soupe de poudre de paprika, doux noble ou rose vif
- ✓ 1 Citron, le jus de celui-ci.

PRÉPARATION

Temps total environ 1 heure.

1. Mettez le boulgour dans un bol. Versez de l'eau bouillante sur le boulgour. L'eau doit se trouver à environ 2 cm au-dessus du boulgour et laissez-le infuser.
2. Pendant ce temps, faites suer l'oignon dans l'huile, ajoutez le paprika et le concentré de tomates, et laissez mijoter encore un peu. Déglacer avec environ 5 cuillères à soupe d'eau et verser sur le boulgour. Remuez bien et laissez refroidir.
3. Lorsque le boulgour a complètement refroidi, ajoutez les tomates en dés, le concombre et le jus de citron, remuez bien, assaisonnez de sel, de poivre et de paprika en poudre. Enfin, ajoutez le persil.
4. Si vous le souhaitez, vous pouvez ajouter d'autres légumes tels que des piments forts, etc. L'imagination ne connaît pas de limites.

POT DE HARICOTS VERTS À LA TURQUE.

INGRÉDIENTS POUR 3 PORTIONS.

- ✓ 500 g Haricots verts, larges (turcs)
- ✓ 4 grosses pommes de terre
- ✓ 2 oignons, coupés en dés
- ✓ 2 grosses tomates Beefsteak ou purée de tomates
- ✓ 3 gousses d'ail, hachées, éventuellement plus
- ✓ 4 cuillères à soupe de concentré de tomates
- ✓ 3 cuillères à café de cumin noir
- ✓ Paprika en poudre
- ✓ 1 pincée de sucre
- ✓ Huile d'olive
- ✓ 300 g de viande hachée, éventuellement
- ✓ Sel ou bouillon de légumes.

PRÉPARATION

Temps total environ 45 minutes.

1. Faites revenir les oignons avec l'ail dans l'huile (si vous le souhaitez, avec la viande hachée). Ajoutez les tomates pelées ou la purée de tomates et le cumin noir. Si vous n'aimez pas la viande, vous pouvez la laisser de côté.
2. Retirez délicatement les fils des haricots à l'aide de l'épluche-patates (uniquement pour les gros haricots) et coupez-les en morceaux d'environ 3 cm de long. Versez dans la casserole et laissez mijoter à couvert pendant environ 5 minutes. Pendant ce temps, couper les pommes de terre en petits cubes et les ajouter également.
3. Laisser mijoter à couvert jusqu'à ce que tous les ingrédients soient bien cuits (environ 20 minutes). Assaisonnez selon votre goût avec du sel, du paprika (chaud) et une pincée de sucre. On peut servir du pain avec ce plat.

PIDE TURC AVEC FROMAGE ET SUCUK.

INGRÉDIENTS POUR 4 PORTIONS.

Pour la pâte:

- ✓ 600 g farine
- ✓ 1 pck. Levure sèche ou 1/2 paquet de levure fraîche
- ✓ 250 ml d'eau tiède
- ✓ 4 cuillères à soupe de yaourt
- ✓ 4 cuillères à soupe d'huile d'olive
- ✓ 1 ½ cuillère à café de sel
- ✓ 1 cuillère à café de sucre.

Pour la garniture:

- ✓ 400 g de fromage (Kasar), râpé
- ✓ 20 tranches de Sucuk.

En plus de cela:

- ✓ 1 Œuf pour étaler
- ✓ Farine pour le plan de travail.

PRÉPARATION

Temps total environ 2 heures.

1. Pour la pâte, mélangez la levure avec l'eau et laissez reposer pendant cinq minutes. Ajoutez-la ensuite à la farine et pétrissez-la avec le yaourt, le sel, le sucre et l'huile pendant environ sept minutes jusqu'à obtenir une pâte lisse. Graissez un bol avec de l'huile et versez-y la pâte. Mouillez également la surface avec de l'huile. Laissez la pâte lever pendant 60 minutes à température ambiante.
2. Coupez ensuite la pâte en deux (ou quatre) parties et pétrissez chaque partie pour en faire une boule. Étalez chaque boule en une forme ovale sur un plan de travail fariné. Placez les morceaux finis sur une plaque à pâtisserie. Recouvrez-les d'une bonne quantité de fromage et façonnez des bateaux. Posez quelques tranches de sucuk supplémentaires sur le fromage. Badigeonnez les bords de la pâte avec l'œuf battu.
3. Puis le tout entre dans le four préchauffé à 200 ° C en haut/bas pendant environ 15 minutes.
4. Déguster pendant qu'il est encore chaud.

BOULETTES À LA POÊLE - GÖZLEME - DINDE.

INGRÉDIENTS POUR 4 PORTIONS.

- ✓ 150 g de farine
- ✓ 100 ml d'eau, chaude
- ✓ 1 ½ cuillère à café de sel
- ✓ 300 g de feuilles d'épinards
- ✓ 150 g de fromage de brebis
- ✓ 1 bouquet de persil
- ✓ 100 ml d'huile de tournesol pour la friture
- ✓ Farine pour le plan de travail.

PRÉPARATION

Temps total environ 1 heure 10 minutes.

1. Tamisez la farine et le sel dans un bol. Incorporez rapidement l'eau chaude et pétrissez le tout pour obtenir une pâte lisse et souple. Formez 12 boules avec cette pâte, placez-les sur une planche farinée, couvrez-les d'un linge humide et laissez-les reposer pendant environ 30 minutes.

2. Pendant ce temps, trier les épinards, nettoyer les feuilles, les laver soigneusement, les égoutter et les couper en fines lamelles. Dans une assiette creuse, écrasez finement le fromage de brebis à l'aide d'une fourchette. Lavez le persil. Secouez le persil pour le sécher. Hachez finement les feuilles de persil. Mélangez-les au fromage. Ajoutez les épinards et mélangez bien le tout.

3. Sur un plan de travail bien fariné, étalez les boules de pâte en fines feuilles rondes de 20-22 cm de diamètre, en secouant soigneusement l'excédent de farine. Mettez 2 cuillères à soupe du mélange de fromage et d'épinards sur chaque moitié de la feuille. Repliez l'autre moitié. Pressez les bords ensemble avec une fourchette.

4. Faites chauffer 1 à 2 cuillères à soupe d'huile dans une poêle. Faites frire les sacs par portions de chaque côté à feu moyen pendant environ 5 minutes jusqu'à ce qu'ils soient dorés.

POACA - QUENELLES FOURRÉES.

INGRÉDIENTS POUR 6 PORTIONS.

Pour la pâte:

- ✓ 1 verre de lait
- ✓ ½ verre d'huile
- ✓ 1 pck. Poudre à lever
- ✓ 2 œufs de taille moyenne, séparés
- ✓ 1 ½ cuillère à café de sel
- ✓ ½ cuillère à café de sucre
- ✓ 400 g de farine, éventuellement plus, jusqu'à 500 g
- ✓ 2 cuillères à soupe de sésame.

Pour la variante : farce à la viande hachée.

- ✓ 300 g de viande hachée, bœuf ou agneau, ou volaille
- ✓ 1 oignon de taille moyenne
- ✓ 2 tiges de persil, lisses
- ✓ Sel et poivre
- ✓ Paprika en poudre
- ✓ Huile.

Pour la variante : Farce à la feta.

- ✓ 1 pck. Feta, environ 200 g
- ✓ Persil lisse, haché, environ 2 cuillères à soupe.

PRÉPARATION

Temps total environ 55 minutes.

1. Pour la farce à la viande hachée, coupez l'oignon pelé en petits morceaux et faites-le revenir avec la viande hachée dans une poêle avec un peu d'huile. Ajoutez le persil haché et assaisonnez avec du poivre, du sel et du paprika en poudre. Laissez refroidir le tout.
2. Pour la garniture à la feta, émietter le fromage et le mélanger avec le persil haché.
3. Mélanger la farine, le lait, l'huile, les blancs d'œufs, le sel, le sucre et la levure chimique et pétrir jusqu'à obtenir une pâte souple comme un lobe d'oreille. Pétrir en ajoutant de la farine si nécessaire. Laissez la pâte reposer pendant environ 10 minutes.
4. Séparer de la pâte des morceaux de la taille d'une noix et les façonner en boule. Pressez les boules de pâte en un cercle à la main sur une surface légèrement farinée. Placez une cuillère à café de la garniture choisie au milieu de la surface de la pâte et fermez-la pour former un demi-cercle. Pressez fermement les bords en place.
5. Placez ensuite les boulettes préparées sur une plaque à pâtisserie recouverte de papier sulfurisé. Badigeonnez les boulettes avec le jaune d'œuf battu et saupoudrez-les de graines de sésame. Faites cuire les boulettes dans le four préchauffé à 200 ° C en haut/bas pendant environ 15 minutes jusqu'à ce qu'elles soient jaune doré.
6. Elles ont un goût chaud et froid.

CRÈME D'AUBERGINE À LA TURQUE AVEC FETA.

INGRÉDIENTS POUR 4 PORTIONS.

- ✓ 2 Aubergine, (environ, selon la taille)
- ✓ 4 cuillères à soupe d'huile d'olive
- ✓ 6 gousses d'ail
- ✓ 1 paquet de fromage Feta
- ✓ 1 cuillère à café d'origan
- ✓ Sel et poivre.

PRÉPARATION

Temps total environ 20 minutes.

1. Coupez les aubergines dans le sens de la longueur et badigeonnez la surface coupée d'huile d'olive.
2. Tapissez une plaque à pâtisserie de papier d'aluminium et placez-y les moitiés d'aubergines, la surface coupée vers le bas. Faites cuire dans un four préchauffé à 220 °C pendant environ 40 minutes.
3. Pelez les gousses d'ail. Laissez les aubergines refroidir un peu après le temps de cuisson, retirez les tiges. Réduisez en purée les aubergines, la feta et les gousses d'ail dans le robot ménager. Assaisonnez à votre goût avec du sel et du poivre, ajoutez de l'origan.
4. Si vous n'avez pas de robot, mélangez le tout en portions avec le mixeur plongeant.
5. Vous pouvez conserver le dip au réfrigérateur pendant 2-3 jours, mais il sera alors très ferme. Il suffit d'ajouter un peu de crème liquide juste avant de servir pour qu'elle redevienne crémeuse.

PÂTISSERIES TURQUES.

INGRÉDIENTS POUR 1 PORTION.

- ✓ 1 kg farine
- ✓ 1 cube de levure
- ✓ 1 tasse de lait, tiède
- ✓ 1 tasse d'huile
- ✓ 2 protéines
- ✓ ½ tasse d'eau tiède
- ✓ 250 g de fromage blanc
- ✓ 1 cuillère à soupe de sucre
- ✓ 2 cuillères à soupe de sel
- ✓ 1 bouquet de persil
- ✓ 250 g de fromage de brebis
- ✓ 2 jaunes d'oeufs pour badigeonner.

PRÉPARATION

Temps total environ 1 heure 25 minutes.

1. Tamisez la farine dans un grand bol. Une fois la farine tamisée, faites un puits au milieu. Faites fondre la levure dans le lait tiède et versez-la dans le creux. Ajoutez ensuite l'huile, les 2 blancs d'oeufs, l'eau, le fromage blanc, le sucre et le sel, et pétrissez le tout pour obtenir une pâte lisse. Couvrez le bol d'un linge et placez-le dans un endroit chaud pendant environ 30 minutes afin que la pâte puisse lever.

2. Émiettez le fromage de brebis dans un bol et mélangez-le avec du persil frais finement haché. Lorsque la pâte a levé, retirez-la du bol et pétrissez-la à nouveau brièvement. Divisez maintenant la pâte en petits morceaux et formez des boules d'environ 5 cm. Roulez les boules à plat avec un rouleau à pâtisserie, versez la garniture sur la pâte avec une cuillère à café, puis roulez-les en forme de croissant et formez un nœud. Faites autant de pogacas que nécessaire jusqu'à ce que la plaque de cuisson soit pleine.

3. Mélangez 2 jaunes d'œufs avec 0,5 cuillère à café d'huile, badigeonnez la pogaca avec un pinceau, puis mettez-la dans le four préchauffé. Faites cuire à 180 ° C (four à chaleur tournante) ou 200 ° C (cuisinière électrique) ou au niveau 2 - 3 (cuisinière à gaz) pendant 20 - 30 minutes jusqu'à ce qu'ils soient dorés.

4. Sortez la pogaca terminée du four, couvrez-la d'un linge et laissez-la reposer pendant environ 10 minutes.

RIZ TURC.

INGRÉDIENTS POUR 5 PORTIONS.

- ✓ 10 cuillère à soupe d'huile, environ
- ✓ 3 cuillères à soupe de nouilles de riz (Arpa Sehriye)
- ✓ 2 verres Riz, turc
- ✓ 3 verres Eau, chaude
- ✓ 2 ½ cuillères à café de sel
- ✓ 2 cuillères à soupe de beurre.

PRÉPARATION

Temps total environ 1 heure 50 minutes.

1. Tout d'abord, le riz est placé dans un petit bol avec une cuillère à café de sel, puis de l'eau bouillante est versée dessus de manière à ce que le riz soit recouvert d'eau sur la largeur de deux pouces. Laissez le riz infuser pendant au moins 30 minutes. Vous pouvez également le laisser tremper plus longtemps, c'est-à-dire environ 2 heures. Cette opération a pour but d'extraire l'excès d'amidon du riz.
2. Rincez ensuite le riz à l'eau froide en abondance de manière à ce que l'eau de lavage soit claire et laissez-le s'égoutter. Mettez le riz de côté.
3. Mettez l'huile et les nouilles de riz dans une poêle à haut bord ou une poêle à revêtement en téflon et faites-les dorer. Ajoutez ensuite le riz lavé et égoutté. Faites-le rôtir pendant environ 3 à 4 minutes. Le riz commence maintenant à sentir bon.
4. Baissez la température et ajoutez l'eau chaude, 1,5 cuillère à café de sel et le beurre et remuez une fois. Couvrez avec un couvercle et laissez le riz infuser jusqu'à ce que toute l'eau ait été absorbée par le riz.
5. Ne remuez pas le riz avant la fin de la cuisson.

RAGOÛT DE VIANDE HACHÉE TURQUE AU FROMAGE DE BREBIS.

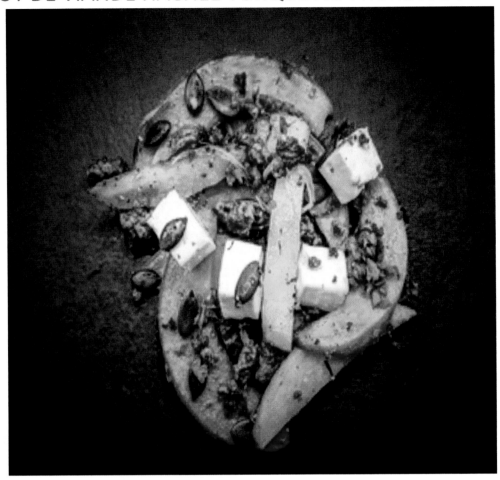

INGRÉDIENTS POUR 4 PORTIONS.

- ✓ 1 verre Fromage de brebis (cubes dans l'huile, environ 150 - 200 g)
- ✓ 600 g Bœuf haché ou agneau haché
- ✓ 500 g Champignons, frais
- ✓ 2 Poivrons rouges et verts
- ✓ 2 gousses d'ail
- ✓ 300 g de Crème fraiche
- ✓ 1 cuillère à café d'origan séché
- ✓ 100 g de fromage de brebis en un seul morceau
- ✓ Sel et poivre, fraîchement moulus.

PRÉPARATION

Temps total environ 50 minutes.

1. Versez les cubes de fromage de brebis dans une passoire et récupérez l'huile. Coupez les champignons en lamelles. Nettoyez les poivrons. Coupez les poivrons en lamelles. Hacher finement l'ail.
2. Faites revenir la viande hachée dans environ 3 cuillères à soupe d'huile récupérée jusqu'à ce qu'elle soit brune et friable. Ajoutez la moitié des champignons et faites-les frire ensemble. Ajoutez maintenant les bandes de paprika et l'ail et faites-les frire.
3. Après environ 5 minutes, incorporez la crème fraîche et l'origan et assaisonnez avec du sel et du poivre selon votre goût. Mettez le tout dans un plat allant au four et répartissez les champignons restants sur le dessus. Enfin, saupoudrez les cubes de fromage de brebis égouttés et le fromage de brebis émietté.
4. Faites cuire la cocotte pendant environ 20 à 30 minutes dans un four chaud à chaleur tournante à 180 ° C.
5. Ce plat se marie bien avec du tzatziki, du pain plat et/ou du riz.

LÉGUMES MÉDITERRANÉENS CUITS AU FOUR AVEC YAOURT - SAUCE TOMATE.

INGRÉDIENTS POUR 4 PORTIONS.

- ✓ 1 1 grande aubergine, tranchée
- ✓ 1 grande courgette, coupée en tranches
- ✓ 1 kg Poivrons pointus, verts, turcs, peuvent aussi être hongrois
- ✓ 500 g de pommes de terre.

Pour la sauce:

- ✓ 500 g de yaourt
- ✓ 1 grande boîte de Pizza ou de tomates pelées
- ✓ 1 gousse d'ail
- ✓ Sel
- ✓ Huile ou huile d'olive.

PRÉPARATION

Temps total environ 1 heure 10 minutes.

1. Épluchez à moitié les aubergines et les courgettes (en alternance, en les rayant uniformément), puis coupez-les en tranches pas trop épaisses (1-2 cm). Nettoyer les poivrons et les couper en deux ou trois morceaux. Épluchez les pommes de terre et coupez-les selon votre goût. Les tranches sont également typiques ici, pas trop épaisses non plus - mais pas aussi fines que des frites. Lavez maintenant tous les légumes et placez-les dans une serviette ou un torchon pour les égoutter. Les légumes doivent absolument être bien égouttés.
2. Il y a deux façons de préparer les légumes : la façon la plus simple et la plus respectueuse des calories et la façon traditionnelle typique. Je vais décrire brièvement les deux.
3. Pour la variante simple, mettez les légumes dans un grand plat à four ou sur une grande plaque à pâtisserie après les avoir égouttés. Salez et arrosez-les d'huile d'olive. Maintenant, mélangez bien tous les légumes. L'huile peut être plus ou moins importante selon le goût - plus vous prenez d'huile, plus les légumes seront savoureux.
4. Préchauffez le four et poussez simplement les légumes sur le plateau dans le four à environ 200 ° C en haut/en bas. Le temps de cuisson varie en fonction de la quantité et du goût. Si vous l'aimez plus ferme à la morsure, vous pouvez le sortir plus tôt. Mais il faut absolument qu'il soit au four pendant une demi-heure.
5. Pour la version traditionnelle, salez les légumes après les avoir égouttés. Faites chauffer une grande quantité d'huile dans une poêle et faites-y revenir progressivement les légumes. Le choix des légumes par lesquels vous commencez n'est pas très important. Ici aussi, le temps que les légumes restent dans la poêle est une question de goût. Cette méthode prend un peu de temps. Vous gagnerez beaucoup de temps si vous disposez d'un moule à pizza assez grand. Vous pouvez alors mettre de plus grandes quantités dans le moule, et le tout ira plus vite.

Conseil : si vous avez un balcon et que vous disposez d'une poêle à pizza ou d'une friteuse, vous pouvez également préparer le tout sur le balcon. Ainsi, la cuisine ne sent pas la nourriture, elle reste propre et les voisins sont jaloux parce qu'elle sent très bon.

6. Maintenant, il suffit de mettre la boîte de tomates dans une poêle ou une casserole, de saler un peu, d'ajouter de l'ail à son goût, et de faire simplement cuire à feu doux pendant environ 15 minutes.
7. Disposez maintenant les légumes finis sur une assiette ou dans un plat plus profond. Versez d'abord les légumes, puis le yaourt, et enfin la sauce tomate finie. Mais vous pouvez aussi servir le yaourt et la sauce tomate séparément, et chacun prend la sauce dans son assiette.

BROCHETTES DE VIANDE HACHÉE À LA TURQUE.

INGRÉDIENTS POUR 4 PORTIONS.

- ✓ 500 g Bœuf haché ou mélange d'agneau et de bœuf haché
- ✓ 1 cuillère à café de zeste de citron, bio
- ✓ 1 cuillère à café de castor Pul
- ✓ 1 Oignon, râpé
- ✓ 1 Gousse d'ail, râpée avec un peu de sel pour faire la purée
- ✓ 1 Œuf
- ✓ 3 cuillères à soupe de chapelure
- ✓ 3 branches de Menthe fraîche ou, le cas échéant, de persil
- ✓ Sel et poivre
- ✓ Huile pour la friture.

PRÉPARATION

Temps total environ 1 heure 20 minutes.

1. Mélangez bien tous les ingrédients et laissez reposer au réfrigérateur pendant environ une heure pour que les saveurs puissent se développer et se combiner.
2. Ensuite, la pâte de viande est pressée en portions autour de baguettes en bois (brochettes shashlik ou satay) avec les mains. Les baguettes n'ont pas besoin d'être prétraitées, car la viande hachée se dissout pratiquement d'elle-même grâce à la graisse qui s'échappe pendant la friture.
3. Faites chauffer une poêle avec un peu d'huile. Faites frire les brochettes de tous les côtés pendant environ 5 à 10 minutes jusqu'à ce qu'elles soient bien croustillantes. En été, les brochettes peuvent bien sûr aussi être préparées à merveille sur un gril à charbon de bois avec des brochettes métalliques.
4. Riz, salade et fromage de brebis sont des accompagnements idéaux.

AUBERGINES FARCIES À LA TURQUE.

INGRÉDIENTS POUR 4 PORTIONS.

- ✓ 4 une petite aubergine
- ✓ 2 oignons, hachés
- ✓ 2 orteils d'ail, pressés
- ✓ ½ kg de bœuf haché
- ✓ 1 grande boîte de tomates (800 g)
- ✓ 250 g de fromage de brebis, râpé
- ✓ 2 cuillères à soupe de persil haché
- ✓ 1 cuillère à soupe de concentré de tomates
- ✓ 1 cuillère à café de curcuma
- ✓ 1 cuillère à soupe de menthe séchée
- ✓ 2 Piments secs, émiettés
- ✓ Sel et poivre
- ✓ Huile d'olive.

PRÉPARATION

Temps total environ 1 heure 30 minutes.

1. Lavez les aubergines, coupez-les dans le sens de la longueur et grattez la chair intérieure. Les placer ensuite dans de l'eau salée pendant 1/2 heure pour qu'elles désamérissent.
2. Assaisonnez la viande hachée avec du sel et du poivre et mettez-la de côté.
3. Tamponner les aubergines avec du papier absorbant et les faire frire des deux côtés dans une grande quantité d'huile d'olive jusqu'à ce qu'elles soient fermes à la morsure. Laisser refroidir sur du papier absorbant.
4. Faites cuire les oignons à la vapeur dans une casserole avec un peu d'huile d'olive. Émiettez les piments et montez le feu. Ajoutez l'ail et déglacez avec les tomates. Écraser les tomates, ajouter le sel, le poivre, le curcuma, la moitié de la menthe et le concentré de tomates et laisser mijoter la sauce pendant 15 minutes.
5. Pendant ce temps, faites revenir la viande hachée dans l'huile d'olive. Coupez la viande grattée des aubergines en petits cubes et ajoutez-les. Réduisez le feu et ajoutez quelques cuillères à soupe de la sauce tomate pour l'épaissir. Enfin, incorporer le persil.
6. Versez la sauce tomate avec le reste de la menthe dans un plat à four, ajoutez les aubergines, remplissez avec la viande hachée et saupoudrez avec le fromage de brebis.
7. Faire cuire dans un four préchauffé pendant 30 minutes à 175 ° C en haut/en bas.

SALADE DE BULGUR.

INGRÉDIENTS POUR 4 PORTIONS.

- ✓ 250 g de boulgour (gruau de blé)
- ✓ 3 poivrons rouges pointus
- ✓ 1 oignon rouge de taille moyenne
- ✓ ½ frette Oignon de printemps
- ✓ 1 botte de Persil, lisse
- ✓ 4 cuillères à soupe d'huile neutre (par exemple, huile de tournesol)
- ✓ ½ tube Pâte de tomate
- ✓ Sel.

PRÉPARATION

Temps total environ 40 minutes.

1. Mettez les gruaux de blé dans un grand bol et ajoutez de l'eau chaude de façon à ce que les gruaux soient juste couverts. Il est essentiel de verser l'excédent d'eau, sinon le kisir sera détrempé. Si nécessaire, vous pouvez également ajouter du gruau après l'avoir laissé tremper. Salez généreusement et laissez tremper pendant environ 10 minutes.
2. Pendant ce temps, coupez en petits dés le paprika et l'oignon, coupez les oignons de printemps en fines rondelles et hachez le persil. Incorporer l'huile et le concentré de tomates. Assaisonnez à votre goût et, si nécessaire, ajoutez du sel. Incorporer le reste des ingrédients.
3. Le goût est excellent en tant que plat d'accompagnement ou salade pour les grillades. Vous pouvez également la servir pour une fête en plus petites portions dans des feuilles d'iceberg avec 1/8 de citron. Mais elle a aussi un goût tout simple.

MANTI - TORTELLINI TURCS.

INGRÉDIENTS POUR 15 PORTIONS.

- ✓ 5 Œuf de taille moyenne à grande
- ✓ 1 ½ verre d'eau
- ✓ 1 cuillère à soupe de sel
- ✓ 1 kg de farine
- ✓ 1 kg de viande hachée
- ✓ 4 oignons de taille moyenne
- ✓ 1 cuillère à café de sel
- ✓ 1 cuillère à café de poivre
- ✓ 1 cuillère à café de paprika en poudre
- ✓ 600 g de yaourt
- ✓ 4 orteils d'ail
- ✓ 100 g de beurre
- ✓ 1 cuillère à soupe de concentré de tomates
- ✓ 1 cuillère à café de poivre de Cayenne
- ✓ 1 cuillère à soupe de menthe poivrée.

PRÉPARATION

Temps total d'environ 2 heures.

Pâte à pain:

1. Pétrir les œufs et l'eau (si nécessaire), la farine et le sel, laisser reposer pendant environ 40 minutes.

Viande hachée:

2. Mélangez bien avec les oignons finement râpés, le sel, le poivre et le paprika en poudre.

Pâte à modeler:

3. Divisez en 8 petits morceaux et étalez-les très finement sur un plan de travail fariné. Découpez de petits carrés avec un couteau ou un rouleau à pâtisserie. Mettez une partie des mélanges de viande dans chaque carré et repliez-les à partir des quatre coins, en veillant à ce qu'ils soient bien serrés, sinon ils s'ouvriront à la cuisson.

Yogourt:

4. Yogourt (le plus aigre, le meilleur), bien mélanger les gousses d'ail écrasées et le sel.
5. Faire chauffer l'eau, ajouter le sel. Laissez cuire les tortellini (manti) pendant 5 minutes. La casserole doit être assez grande pour que les tortellini (manti) puissent nager librement et ne se collent pas entre eux.
6. Retirez les tortellini (manti) turcs à l'aide d'une cuillère à trous et égouttez-les.

Sauce:

7. Faites chauffer le beurre et le concentré de tomates, ajoutez le poivre de Cayenne, laissez mousser.

Servir:

8. Versez le yaourt sur les tortellini turcs (manti) dans des assiettes profondes.
9. Ajouter ensuite une cuillère à soupe de sauce au yaourt et servir avec de la menthe poivrée.

BÖREK.

INGRÉDIENTS POUR 1 PORTION.

- ✓ 1 point Feuilles de pâte Yufka (24 pièces)
- ✓ 300 g de viande de bœuf hachée
- ✓ 1 pck. Feta
- ✓ 2 gousses d'ail
- ✓ ½ frette de persil
- ✓ 1 branche de thym
- ✓ 1 cuillère à café de sel
- ✓ Poivre du moulin
- ✓ Castor Pul
- ✓ 2 cuillères à soupe d'huile d'olive pour la friture.

PRÉPARATION

Temps total environ 50 minutes.

1. Faites revenir la viande hachée dans une poêle antiadhésive en la retournant. Retirez les feuilles de thym de leur tige et hachez-les avec le persil. Pressez l'ail. Ajoutez le sel, le poivre, l'ail et les herbes hachées à la viande hachée. Émiettez la feta et versez-la sur la viande hachée ; mélangez. Laissez refroidir le mélange de viande hachée.
2. Humidifiez légèrement les feuilles de yufka et coupez-les en triangles. Déposer une cuillère à soupe de mélange de viande hachée sur le côté large de chaque triangle, replier les bords et enrouler à partir du côté large ; badigeonner les bords d'eau pour qu'ils " collent " ensemble.
3. Faire chauffer l'huile d'olive dans une poêle et faire frire les Börekrollchen l'un après l'autre de tous les côtés jusqu'à ce qu'ils soient dorés.
4. Ce plat peut être très bien préparé (par exemple, pour une fête). Préparez les Börekröllchen et faites-les cuire au four. Le Börek est également très bon froid (par exemple, à emporter ou pour un buffet).

PAIN PLAT TURC.

INGRÉDIENTS POUR 1 PORTION.

- ✓ 500 g de farine de blé type 550, forte pour la panification
- ✓ 10 g de sel
- ✓ 10 g d'huile d'olive
- ✓ Huile, pour le bol
- ✓ 7 ½ g de sucre
- ✓ ½ cube de levure ou 1 paquet de levure sèche
- ✓ 360 ml d'eau.

En plus de cela:

- ✓ 1 Œuf mélangé à de l'eau
- ✓ Sésame ou cumin noir.

PRÉPARATION

Temps total environ 2 heures 39 minutes.

1. Mélangez ces ingrédients pour obtenir une pâte à levure très souple et pétrissez-la pendant environ 8 minutes. Laisser lever dans un bol légèrement huilé pendant environ 1,5 heure.
2. Versez ensuite la pâte sur un plan de travail fariné. Diviser la pâte en portions d'environ 400 g (il suffit de couper en deux avec cette quantité d'ingrédients).
3. Amener délicatement les morceaux de pâte à une forme quelque peu ovale SANS faire sortir trop de gaz des morceaux de pâte. Couvrez et laissez reposer pendant 20 minutes. Maintenant, donnez à chaque morceau de pâte la forme oblongue ou ovale que vous souhaitez et placez-le sur une plaque de cuisson recouverte de papier sulfurisé. La pâte peut remplir presque toute la largeur de la plaque.
4. Badigeonnez les pains avec un mélange d'eau et d'œuf. Appuyez profondément du bout des doigts (jusqu'à ce qu'il y ait presque de petits trous) et saupoudrez de sésame ou de cumin noir, si nécessaire. Laissez reposer pendant encore 20 minutes. Mettez dans le four préchauffé à 250 ° C et faites cuire pendant environ 7 - 9 minutes.
5. Veillez à ne pas cuire trop longtemps, sinon le pain perdra ses propriétés de mie caractéristiques!

ACMA.

INGRÉDIENTS POUR 1 PORTION.

- ✓ 500 g de farine
- ✓ 1 cube de levure
- ✓ 100 ml d'eau tiède
- ✓ 100 ml de lait
- ✓ 100 ml d'huile
- ✓ 3 cuillères à soupe de sucre
- ✓ 1 cuillère à café de sel
- ✓ 2 Œufs, séparés
- ✓ Sésame
- ✓ Cumin noir
- ✓ Margarine.

PRÉPARATION

Temps total environ 20 minutes.

1. Dissoudre la levure dans l'eau, la mettre dans un bol et la mélanger avec le lait, l'huile, le sucre, le sel et les 2 blancs d'oeufs. Incorporez lentement la farine. Ajoutez de la farine jusqu'à ce que vous obteniez une pâte lisse et souple. Laissez lever pendant 1 heure.
2. Prenez des morceaux de pâte de la taille d'une noix et pressez-les à plat dans votre main, de la taille de la paume de votre main. Étalez un peu de margarine au milieu. Donnez-leur la forme que vous souhaitez, par exemple B. Kringel, et placez-les dans un plateau graissé. Fouettez les jaunes d'œufs et répartissez-les sur les rouleaux. Saupoudrez de graines de sésame et de cumin noir.
3. Faites cuire dans un four préchauffé à 175 ° pendant 20-30 minutes.

GOZLEME.

INGRÉDIENTS POUR 6 PORTIONS.

Pour la garniture : (garniture d'aubergine).

- ✓ 6 Aubergine
- ✓ 3 litres d'eau
- ✓ Jus de citron, de 1,5 citron
- ✓ 3 cuillères à café de sel
- ✓ 3 Piments forts
- ✓ 4 oignons
- ✓ 1 orteil d'ail
- ✓ 2 tomates
- ✓ 1 bouquet de persil
- ✓ 1 bouquet de Menthe poivrée, fraîche
- ✓ 2 cuillères à soupe d'huile d'olive, pour la friture
- ✓ ½ cuillère à café de poivre
- ✓ 2 cuillères à café de Pul Biber, (poivre en feuilles)
- ✓ 1 cuillère à café de menthe poivrée, séchée.

Pour la garniture : (garniture de pommes de terre).

- ✓ 1 kg de pommes de terre
- ✓ 1 botte de persil frais
- ✓ 1 botte Aneth, frais
- ✓ 1 bouquet de menthe poivrée, fraîche
- ✓ 3 Oignons
- ✓ 1 cuillère à café d'ail
- ✓ 1 cuillère à café de sel
- ✓ ½ cuillère à café de poivre
- ✓ 2 cuillères à café de Pul Biber, (piments en feuilles)
- ✓ 2 cuillères à café de menthe poivrée séchée
- ✓ 5 cuillères à soupe d'huile d'olive.

Pour la garniture : (garniture au fromage de brebis).

- ✓ 200 g de fromage de brebis
- ✓ 1 bouquet de persil
- ✓ 1 bouquet d'Aneth, frais
- ✓ 1 bouquet de menthe poivrée, fraîche
- ✓ Pour la pâte :
- ✓ 1 kg de farine
- ✓ 1 cuillère à soupe de sel
- ✓ 4 cuillères à soupe d'huile
- ✓ 700 ml d'eau tiède.

PRÉPARATION

Temps total environ 2 heures 15 minutes.

Pour la garniture d'aubergines:

1. Les aubergines sont partiellement épluchées et coupées en petits morceaux. Elles sont ensuite mises dans un bol et recouvertes d'eau citronnée. La quantité d'eau citronnée varie en fonction de la taille de l'aubergine. Valeur indicative : Pour un litre d'eau, il y a le jus d'un demi-citron et une cuillère à café de sel. On laisse ensuite reposer le tout pendant environ 10 à 15 minutes. (Pendant ce temps, les autres garnitures peuvent être préparées).

2. Maintenant, on fait frire les oignons, les poivrons et l'ail avec de l'huile d'olive. Ensuite, vous pouvez essorer l'eau des aubergines avec vos mains et ajouter les aubergines aux oignons.
3. Faites frire le tout jusqu'à ce que les aubergines soient tendres. Ajouter les épices et les tomates coupées en morceaux et faire frire jusqu'à ce que les tomates soient également tendres. Enfin, on ajoute les herbes fraîches, on éteint la cuisinière et on met la garniture dans le réfrigérateur..

Pour la pomme de terre.

4. La farce : Les pommes de terre sont bouillies, épluchées, puis écrasées à la fourchette. Ensuite, les herbes fraîches sont hachées, et tous les ingrédients sont mélangés ensemble.

Pour la garniture au fromage de brebis:

5. Le fromage est écrasé à la fourchette, les herbes fraîches sont finement hachées et le tout est mélangé.

Pour la pâte:

6. Tous les ingrédients sont mélangés et transformés en une pâte.
7. 7.   De petites boules (de la taille d'un poing) sont formées à partir de la pâte et roulées. La garniture est étalée sur une moitié, et l'autre côté est replié sur la garniture. Les côtés sont pressés en place..

Amusez-vous bien en cuisinant.

BÖREK AU CIGARE ET AU FROMAGE.

INGRÉDIENTS POUR 20 PORTIONS.

- ✓ 10 Feuilles de pâte Yufka (disponibles dans les magasins turcs)
- ✓ 250 g de fromage Feta
- ✓ ½ frette de persil
- ✓ Huile pour la friture.

PRÉPARATION

Temps total environ 30 minutes.

1. Coupez les feuilles de yufka en deux dans le sens de la longueur. Au lieu de 10 feuilles à l'origine, vous avez maintenant 20 triangles pointus en forme de cônes d'école. Humidifiez un peu chaque feuille de pâte avec de l'eau avec vos doigts. La pâte se tient alors mieux.
2. Hachez le persil et pétrissez-le bien avec le fromage de brebis. Déposez un tas de ce mélange de la taille d'une noix à l'endroit le plus large de chaque triangle de pâte et roulez la pâte en la serrant bien du côté large jusqu'à la pointe. Appuyer fermement sur la pointe avec les doigts mouillés. Faire frire tous les Böreks dans une poêle avec beaucoup d'huile pendant environ 7 à 8 minutes jusqu'à ce qu'ils soient dorés, en les retournant plusieurs fois.

YOGURTLU ERISTE.

INGRÉDIENTS POUR 4 PORTIONS.

- ✓ 500 g de boeuf ha ha ha ha ha ha ha ha
- ✓ Huile
- ✓ 500 g de pâtes, par exemple B. Eliche ou Fusilli
- ✓ 500 g de yaourt
- ✓ 4 gousses d'ail
- ✓ 4 tomates Beefsteak
- ✓ 1 gros oignon
- ✓ Beurre
- ✓ Sel et poivre
- ✓ Paprika en poudre
- ✓ Persil.

PRÉPARATION

Temps total environ 30 minutes.

1. Faites revenir la viande hachée avec les oignons finement hachés dans un peu d'huile. Ajoutez deux tomates pelées et coupées en dés et continuez à faire frire - assaisonnez avec du sel et du poivre.
2. Faire cuire les pâtes selon les instructions du paquet, puis les égoutter et les mélanger au yaourt enrichi en ail. Mettez la viande hachée.
3. Faire griller la poudre de paprika dans le beurre et la verser sur les pâtes. Garnir avec le reste des tomates en dés et le persil.

LAHMACUN.

INGRÉDIENTS POUR 4 PORTIONS.

- ✓ 500 g de farine
- ✓ ½ cube de levure
- ✓ 1 cuillère à soupe de sel
- ✓ 250 ml d'eau tiède
- ✓ 300 g de viande hachée
- ✓ 3 Oignons (râpés finement)
- ✓ 3 Tomate (râpée finement)
- ✓ 3 cuillères à soupe de concentré de tomates
- ✓ 1 cuillère à soupe de sel
- ✓ Poivre
- ✓ 4 Piments forts frais, finement hachés
- ✓ Persil.

PRÉPARATION

Temps total environ 1 heure 30 minutes.

1. Utilisez les ingrédients de la pâte à levure pour faire une pâte (elle doit être souple au toucher), laissez la pâte lever pendant 1/2 heure.
2. Utilisez les ingrédients de la viande hachée pour faire une pâte à viande hachée, donc mélangez tout ensemble.
3. 3Avec la pâte à levure, on forme des morceaux de la taille d'une mandarine, que l'on étale à l'aide d'un rouleau à pâtisserie pour obtenir de fines pizzas de la taille d'une assiette creuse. La viande hachée est ensuite placée dessus et cuite à feu moyen dans une poêle recouverte de téflon avec un couvercle en verre ou dans un four à 150 degrés jusqu'à ce que la couleur soit dorée.
4. Pour que la pizza finie reste souple, elle est ensuite recouverte d'un linge.

PIDE FROTTÉE.

INGRÉDIENTS POUR 10 PORTIONS.

Pour la pâte:

- ✓ 1 sachet de levure sèche
- ✓ 500 g de farine
- ✓ 100 ml de lait, tiède
- ✓ 100 ml d'eau tiède (éventuellement plus)
- ✓ 1 cuillère à café de sucre
- ✓ 1 cuillère à café de sel
- ✓ 1 cuillère à soupe d'huile
- ✓ 2 protéines.

Pour la garniture:

- ✓ 500 g de viande hachée (agneau, bœuf ou mixte)
- ✓ 3 oignons de taille moyenne à grande
- ✓ 1 cuillère à soupe de castor Pul
- ✓ 6 cuillères à soupe de jus de tomate
- ✓ 1 Tomate, mûre
- ✓ 1 Gousse d'ail
- ✓ Persil
- ✓ Sel et poivre.

En plus de cela:

- ✓ 2 Jaunes d'oeufs pour badigeonner avant la cuisson
- ✓ Beurre, fondu, pour badigeonner après la cuisson.

PRÉPARATION

Temps total environ 1 heure 5 minutes.

1. Dissoudre le sucre et la levure dans le lait et laisser reposer pendant environ 5 à 10 minutes. De petites bulles se forment alors. Mettez la farine et le sel dans un grand bol, ajoutez le mélange de levure et le blanc d'œuf et pétrissez le tout vigoureusement pour former une pâte élastique à la main pendant environ 7 minutes. Entre-temps, ajoutez de l'eau si nécessaire ; la pâte ne doit pas être trop ferme. À la fin, ajoutez la cuillère à soupe d'huile, humidifiez la boule de pâte avec celle-ci et couvrez la pâte pendant 1 - 2 heures jusqu'à ce qu'elle double.

2. Hachez les oignons et le persil. Coupez la tomate en petits morceaux. Écraser la gousse d'ail. Mélangez les ingrédients de la garniture. Ne vous laissez pas décourager par la quantité d'oignons, qui sont indispensables pour que la garniture de viande hachée ne se contracte pas trop.

3. Divisez la pâte en 10 à 12 boules. Roulez une boule avec un peu de farine en une forme ovale / un œuf géant (pas trop fin). Répartissez 1 à 2 cuillères à soupe de garniture dans le sens de la longueur au milieu, presque sur toute la longueur. Repliez ensuite les bords du côté long sans recouvrir complètement la garniture. Frappez un peu plus les extrémités du morceau de pâte ovale pour obtenir l'aspect typique de la pide. Placez-les sur une plaque à pâtisserie recouverte de papier sulfurisé (j'y place 3 à 4 morceaux, selon la taille).

4. Badigeonnez les bords de la pâte avec le jaune d'œuf et faites cuire la pide dans un four bien préchauffé à 180 ° C en haut/bas pendant environ 20 - 25 minutes. Badigeonnez-les d'un peu de beurre fondu immédiatement après la cuisson pour éviter qu'elles ne durcissent.

CHRISSIS LAHMACUN.

INGRÉDIENTS POUR 2 PORTIONS.
Pour la pâte:
- ✓ 230 g flour
- ✓ 1 pinch salt
- ✓ ¼ cube Yeast, fresh
- ✓ 150 ml Water, lukewarm.

Pour la couverture:

- ✓ 1 Oignon
- ✓ 1 petit Piment rouge
- ✓ 3 gousses d'ail
- ✓ 1 boîte de tomates à pizza
- ✓ 2 cuillères à soupe de pâte de tomate
- ✓ 1 paquet Herbes (mélange de 8 herbes), surgelées (50 g)
- ✓ 120 g de tartare
- ✓ Sel d'ail (sans exhausteur de goût)
- ✓ Paprika en poudre, doux noble
- ✓ Cumin
- ✓ ½ concombre
- ✓ 250 g Yoghourt, 1,5
- ✓ 1 cuillère à soupe de jus de citron
- ✓ Sel et poivre
- ✓ ½ tête Laitue Iceberg
- ✓ 4 petites tomates d'un an
- ✓ ½ concombre
- ✓ ½ tête Chou blanc (utilisez l'autre moitié sinon !)
- ✓ 2 cuillères à café d'huile de carthame
- ✓ 100 ml Bouillon de légumes
- ✓ 3 cuillères à soupe de vinaigre de cidre de pomme.

PRÉPARATION
Temps total environ 1 heure 20 minutes.
1. Il est préférable de préparer d'abord la salade de chou pour qu'elle s'écoule bien. Pour ce faire, coupez le chou blanc en fins quartiers avec la machine à pain. Mélangez l'huile avec le vinaigre de cidre de pomme et 100 ml de bouillon de légumes (préparé frais avec de l'eau bouillante et 2 à 3 cuillères à café de bouillon de légumes instantané). Ajoutez les quartiers de chou blanc et assaisonnez de sel et de poivre.
2. Pour la pâte, mélangez 220 g de farine (note : gardez 10 g pour l'étaler !) et ajoutez une pincée de sel. Faites une légère dépression au milieu avec une cuillère, ajoutez la levure émiettée et remuez doucement avec un peu d'eau tiède. Couvrez et laissez la pâte lever dans un endroit chaud pendant environ 15 minutes.
3. Ajoutez ensuite le reste de l'eau. Pétrissez le tout pour obtenir une pâte lisse. Travaillez bien la pâte à la main pour que l'air puisse y pénétrer. Cela aide la levure à faire son "travail". Laissez ensuite la pâte lever dans le bol couvert, dans un endroit chaud et sans courant d'air (!), pendant environ 30 minutes. Elle devrait avoir augmenté de manière significative pendant ce temps.
4. Pendant ce temps, épluchez les oignons et les 2 gousses d'ail pour la garniture et hachez-les finement ou passez l'ail au presse-ail. Laver les poivrons, les couper en deux, retirer soigneusement les séparateurs et couper le tout en fins cubes. Dans un bol, mélangez le tartare avec les tomates de la pizza, le concentré de tomates, les oignons, l'ail, les piments, les herbes et les épices.
5. Tapissez deux plaques à pâtisserie de papier sulfurisé.
6. Divisez la pâte en deux à l'aide d'un couteau et étalez chaque moitié avec un peu de farine (10 g restants) pour obtenir un pain plat mince et allongé. Un pain plat doit tenir sur une plaque à pâtisserie ! Il est préférable de rouler le pain plat légèrement sur le rouleau à pâtisserie après l'avoir étalé. Ainsi, vous pourrez facilement le mettre sur la plaque de cuisson et simplement l'étaler à nouveau.
7. Badigeonnez maintenant chaque pain plat avec la moitié du mélange de garniture et placez les deux plaques l'une sur l'autre (laissez un espace !) dans le four. Faites cuire à 220 ° C pendant 15-20 minutes.
8. Pour le cacik, coupez le concombre en deux et retirez le noyau. Râpez finement une moitié et mélangez-la avec une gousse d'ail fraîchement pressée, du jus de citron et du yaourt - salez et poivrez selon votre goût.
9. Laver les tomates, les couper en deux, enlever soigneusement les racines et les couper en fines tranches avec l'autre moitié du concombre. Couper la laitue iceberg en fines lanières.
10. Lorsque le temps de cuisson est terminé, sortez les lahmacun du four. Placez-les sur une grande assiette à pizza et garnissez-les de la salade de chou, du concombre, des tomates et de la laitue iceberg. Enfin, étaler le cacik sur les légumes à l'aide d'une cuillère et servir.

POULET TURC.

INGRÉDIENTS POUR 10 PORTIONS.

- ✓ 2 Poulet ou 4 doubles poitrines avec peau et os
- ✓ 3 Carottes
- ✓ 25 Poivrons pointus
- ✓ 10 Tomates
- ✓ 18 Pommes de terre de taille moyenne
- ✓ 2 oignons de printemps fédéraux
- ✓ 2 boîtes de Tomates
- ✓ 4 Gousses d'ail
- ✓ 1 botte de Persil lisse, haché
- ✓ 8 cuillères à soupe de concentré de tomates
- ✓ 250 ml d'eau
- ✓ Sel et poivre
- ✓ Thym, séché (kekik, peut être trouvé dans une épicerie turque)
- ✓ Assaisonnement pour le poulet
- ✓ Huile pour la friture.

PRÉPARATION

Temps total environ 2 heures 10 minutes.

1. Divisez le poulet en ailes, cuisses, bas de jambes, dos et poitrines (vous pouvez aussi couper les doubles poitrines en deux). Frottez la viande avec du sel, du poivre et de l'assaisonnement pour poulet. Faites-la frire de tous côtés dans une poêle à l'huile, puis placez-la dans une rôtissoire munie d'un couvercle.
2. Épluchez et coupez les carottes en rondelles. Nettoyez les poivrons pointus et coupez-les en rondelles. Lavez les tomates et coupez-les en morceaux. Épluchez les pommes de terre et coupez-les en morceaux de la taille d'un ongle de pouce. Nettoyez les oignons de printemps. Coupez les oignons de printemps en rondelles. Hachez les tomates en conserve et gardez le jus. Pelez les gousses d'ail et coupez-les en petits cubes.
3. Mélangez tous les légumes dans un bol et ajoutez le jus de tomate. Assaisonnez le tout avec du sel, du poivre, du biscuit et un peu d'assaisonnement pour poulet. Faites ensuite frire les légumes par portions dans l'huile restante dans la poêle. Versez ensuite sur la viande dans la rôtissoire. Mélangez le concentré de tomates avec l'eau et versez sur le tout.
4. Braiser dans une rôtissoire fermée dans un four préchauffé à 200°C pendant environ 60 minutes. Ensuite, retirez le couvercle et faites frire ouvertement pendant encore 20 minutes.
5. Saupoudrer le persil finement haché sur le dessus avant de servir.
6. Le pain plat frais accompagne bien ce plat.

MARINADE POUR GRILLADES À LA TURQUE.

INGRÉDIENTS POUR 4 PORTIONS.

- ✓ 600 g de Lambchop ou de minutes de bœuf
- ✓ 2 orteils d'ail
- ✓ ½ citron, le jus de celui-ci
- ✓ Sel et poivre
- ✓ Origan
- ✓ Éventuellement . Thym
- ✓ Éventuellement . Piment de Cayenne ou flocons de piment
- ✓ 100 ml d'huile (huile de tournesol).

PRÉPARATION

Temps total environ 12 heures 25 minutes.

1. Versez l'huile dans un bol, ajoutez le jus de citron frais et l'ail écrasé avec un presse-ail - assaisonnez à votre goût avec du sel, du poivre et de l'origan (frais ou séché). Si vous l'aimez un peu épicé, vous pouvez ajouter un peu de poivre de Cayenne ou des flocons de piment. Vous pouvez ajouter d'autres herbes comme du thym ou de l'origan ; vous pouvez difficilement vous tromper.
2. Mettez maintenant la viande dans la marinade (battez le bœuf avec un attendrisseur de viande) ; si la marinade ne suffit pas, vous pouvez ajouter un peu d'huile. Mettez la viande avec la marinade dans un sac de congélation et laissez-la reposer toute la nuit.
3. La viande peut être cuite à la poêle ou sur le gril. Selon l'épaisseur des tranches ou des côtelettes, ne laissez pas la viande trop longtemps sur le gril afin qu'elle ne devienne pas trop sèche. Si vous le souhaitez, vous pouvez également l'utiliser pour faire mariner des morceaux de goulasch qui ne sont pas trop gros et les faire griller en brochettes.

RIZ TURC AUX CAROTTES ET AUX POIREAUX.

INGRÉDIENTS POUR 4 PORTIONS.

- ✓ 1 un oignon de taille moyenne à grande
- ✓ 1 Carotte
- ✓ ½ tige de poireau
- ✓ 3 poignées de riz long grain
- ✓ 1 cuillère à soupe de concentré de tomate
- ✓ Huile
- ✓ Huile d'olive
- ✓ 1 pincée de sucre
- ✓ Sel
- ✓ Paprika en poudre, doux noble
- ✓ Paprika en poudre, rose vif
- ✓ Jus de citron, de préférence fraîchement pressé.

PRÉPARATION

Temps total environ 45 minutes.

1. Epluchez les oignons. Coupez les oignons en fins morceaux. Epluchez la carotte et coupez-la en rondelles. Epluchez, lavez et coupez le poireau en rondelles.
2. Faites chauffer un peu d'huile dans la casserole, puis faites-y revenir l'oignon jusqu'à ce qu'il soit translucide. Ajoutez les carottes et faites-les cuire ensemble. Ajoutez le poireau et laissez mijoter pendant environ 5 minutes avec le couvercle sur un feu moyen.
3. Incorporez ensuite le concentré de tomates et saupoudrez généreusement de paprika rose. Ajouter une pincée de sucre, du sel et une cuillère à café de poudre de paprika doux.
4. Rincez brièvement le riz et ajoutez-le. Versez ensuite de l'eau chaude jusqu'à la largeur d'un doigt environ sur le mélange. Laissez mijoter pendant environ 20 minutes, puis ajoutez un filet d'huile d'olive.
5. Le plat se mange tiède ou froid. Il est meilleur s'il a été laissé infuser pendant une journée.
6. Dans tous les cas, ajoutez du jus de citron avant de le déguster.

ŒUFS TURCS AVEC ÉPINARDS ET CRÈME DE YAOURT.

INGRÉDIENTS POUR 2 PORTIONS.

- ✓ 500 g de feuilles d'épinards
- ✓ 60 g de beurre
- ✓ 3 échalotes, coupées en rondelles
- ✓ 2 gousses d'ail
- ✓ 4 Œufs moyens à gros
- ✓ 200 g de yaourt
- ✓ 1 cuillère à café de flocons de piment
- ✓ ½ cuillère à café de cannelle
- ✓ ½ cuillère à café de poivre
- ✓ ½ cuillère à café de sel de mer
- ✓ 1 cuillère à café de paprika en poudre.

PRÉPARATION

Temps total environ 35 minutes.

1. Plongez les épinards dans de l'eau bouillante salée pendant 10 secondes, rincez-les à l'eau froide, essorez-les autant que possible et hachez-les Préchauffez le four à 180 degrés. Faire fondre 50 g de beurre dans une grande poêle à feu moyen. Faire sauter les échalotes et l'ail avec le piment, la cannelle, le poivre et le sel. Ajouter les épinards. Laissez cuire pendant 5 minutes.
2. Graisser un plat allant au four avec le reste du beurre, y répartir le mélange d'épinards et faire 4 creux. Battez un œuf dans chacun d'eux. Placez le plat dans le four chaud pendant 12-15 minutes, jusqu'à ce que les blancs d'œufs aient durci et que les jaunes soient encore coulants.
3. Assaisonnez le yaourt avec du paprika, du sel et du poivre et répartissez-le sur les œufs. Faites cuire le plat pendant encore 4 minutes jusqu'à ce que les jaunes soient également un peu plus fermes.
4. Du pain frais accompagne à merveille ce plat, de préférence du pain plat turc.

CIG KÖFTE.

INGRÉDIENTS POUR 4 PORTIONS.

- ✓ 2 tasses de boulgour pour "Cig Köfte", finement moulu, environ 300 g au total
- ✓ Eau
- ✓ 2 oignons
- ✓ 2 orteils d'ail
- ✓ 2 cuillères à soupe de pulpe de paprika
- ✓ 2 cuillères à soupe de concentré de tomates
- ✓ 2 cuillères à soupe d'huile d'olive
- ✓ 4 cuillères à soupe de persil fraîchement haché
- ✓ Sel et poivre
- ✓ Poudre de chili, épicée (au moins 1 cuillère à café)
- ✓ 1 cuillère à soupe de sirop de grenade
- ✓ Jus de citron
- ✓ Laitue (par ex. laitue iceberg).

PRÉPARATION

Temps total environ 1 heure.

1. Verser de l'eau chaude sur le boulgour (couvrir juste assez), fermer avec un couvercle et laisser gonfler.
2. Pendant ce temps, râper les oignons et hacher le persil.
3. Mettre tous les ingrédients dans un grand bol et bien pétrir le tout. Le pétrissage est une histoire très fastidieuse - il doit durer environ 20 minutes. En pétrissant, le boulgour devient très fin et vous pouvez former de délicieuses boulettes de viande.

Conseil : Mettez les ingrédients dans le robot et laissez la machine travailler. Puis pétrissez le reste, le travail fin, avec vos propres mains.

4. Suggestion de présentation (traditionnelle) : Servez avec le Cig Köfte des feuilles de laitue fraîches et croquantes afin de pouvoir envelopper votre boulette de viande dans cette feuille de laitue. La fraîcheur de la feuille de laitue contrebalance légèrement le caractère tranchant du Cig Köfte. Quelques gouttes de jus de citron ou de sirop de grenade sur le dessus - délicieux!

ÉPINARDS-TOMATES-FETA-BÖREK DE LA BARQUETTE.

INGRÉDIENTS POUR 4 PORTIONS.

- ✓ 1 point Feuilles de pâte Yufka ou pâte feuilletée
- ✓ 400 g d'épinards
- ✓ 4 tomates
- ✓ 2 oignons
- ✓ 2 pointes d'ail
- ✓ 1 pck. Fromage de brebis
- ✓ 1 Œuf
- ✓ 100 ml de lait
- ✓ 40 ml d'huile d'olive
- ✓ Sel et poivre
- ✓ Poudre de castor ou de paprika
- ✓ Sésame
- ✓ Cumin noir.

PRÉPARATION

Temps total environ 1 heure 15 minutes.

5. Coupez les oignons et l'ail en dés. Faites revenir les oignons et l'ail dans une casserole avec un filet d'huile d'olive jusqu'à ce que les oignons soient translucides. Ajouter les épinards surgelés et faire chauffer jusqu'à ce qu'ils soient décongelés. Assaisonner les épinards avec du sel, du poivre et de la pul biber. Retirer la casserole de la cuisinière. Émiettez la feta dans la casserole et mélangez-la.

6. Tapisser une plaque à pâtisserie de papier sulfurisé. Tapissez la plaque avec la première couche de Yufka ; si les feuilles de pâte sont trop petites pour la plaque, placez plusieurs couches de Yufka les unes à côté des autres, mais en les faisant se chevaucher légèrement.

7. Mélangez les œufs, le lait et l'huile d'olive (colle à pâtisserie). En étaler environ 3 à 4 cuillères à soupe sur la pâte de yufka. Étaler une couche de mélange d'épinards sur le dessus, environ 3 - 4 cuillères à soupe. Puis une autre couche de yufka, qui est à nouveau humidifiée avec de la colle à pâtisserie. Le Börek est préparé couche par couche (Yufka, colle, garniture) jusqu'à épuisement de la garniture. Placer de fines tranches de tomates sur l'avant-dernière couche. Recouvrez le tout d'une couche de Yufka, badigeonnez-la de colle à pâtisserie par le haut. Si la colle à pâtisserie n'est pas suffisante, faites-en une nouvelle ! Le Yufka ne doit pas être sec dans la dernière couche. Saupoudrez la pâte de quelques graines de sésame et de cumin noir.

8. Si vous utilisez de la pâte feuilletée, une couche chacune est suffisante en haut et en bas.

9. Faites cuire la plaque dans un four chaud à 180 ° C en haut/en bas pendant au moins 30 minutes jusqu'à ce qu'elle soit croustillante et brune. Découpez le Börek en petits carrés pour servir.

ANNEAUX DE SÉSAME À LA TURQUE.

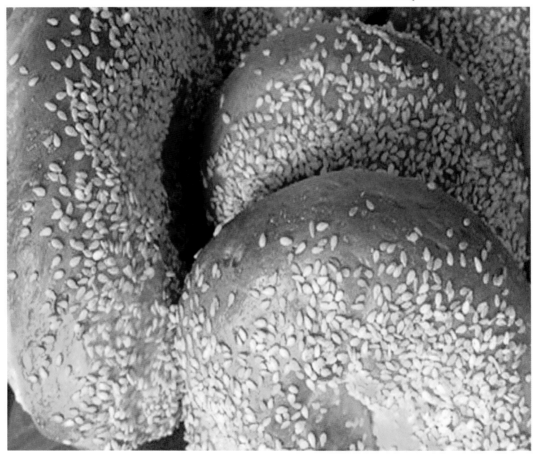

INGRÉDIENTS POUR 4 PORTIONS.

- ✓ 1 verre d'eau
- ✓ 1 verre de lait
- ✓ 1 verre d'huile
- ✓ 1 cube de levure
- ✓ 1 cuillère à soupe de sel
- ✓ 2 cuillères à soupe de sucre
- ✓ 1 protéine
- ✓ Sésame
- ✓ 500 g de farine, éventuellement un peu plus ou moins, selon la taille du pot.

PRÉPARATION

Temps total environ 30 minutes.

1. Tout d'abord, tous les ingrédients, sauf le blanc d'œuf et le sésame, sont pétris en une pâte. Cette pâte est divisée en petites ou grandes boules. Il est toujours préférable que les boules soient assez grosses pour que, lorsque vous les étalez, vous puissiez découper une forme ronde avec un verre plus grand. Les formes rondes de la pâte sont découpées à l'aide de la grande surface du verre, puis à nouveau au milieu avec un verre plus petit, de sorte qu'il reste un anneau à la fin. Vous pouvez découper les autres anneaux avec le reste de la pâte.
2. Ensuite, le blanc d'œuf est mélangé avec un peu d'eau jusqu'à ce qu'il devienne mousseux. Les anneaux sont d'abord tournés dans le blanc d'œuf, puis dans le sésame.
3. Le tout est placé sur une plaque de cuisson avec du papier sulfurisé. Maintenant, les anneaux sont cuits dans un four préchauffé à 180 ° C jusqu'à ce qu'ils soient bruns et croustillants.

TURC WET BOREK.

INGRÉDIENTS POUR 4 PORTIONS.

- ✓ 200 ml d'eau
- ✓ 100 ml d'huile
- ✓ Margarine
- ✓ 1 pck. Feuilles de pâte Yufka.

Pour la garniture:

- ✓ 200 g de fromage de brebis
- ✓ ½ frette de persil.

Pour la peinture:

- ✓ 1 jaune d'œuf.

Pour saupoudrer:

- ✓ Sésame
- ✓ Cumin noir.

PRÉPARATION

Temps total environ 50 minutes.

1. Mélangez l'eau et l'huile. Badigeonnez un plateau rond de margarine. Il y a des plaques rondes dans le magasin turc. Superposez les yufkas et découpez des ronds, coupez les côtés en gros morceaux et répartissez-les au milieu. Posez un yufka rond sur la plaque de cuisson et badigeonnez généreusement le mélange huile-eau, puis ajoutez le yufka suivant. Gardez la deuxième ronde de yufkas pour le dessus et couvrez le börek avec le reste des yufkas qui ont été coupés sur les côtés.
2. La garniture vient au milieu ; pour cela, il suffit de mélanger le fromage de brebis avec le persil finement haché, de badigeonner le börek de jaune d'œuf et de saupoudrer de sésame et de cumin noir. Faites cuire dans le four préchauffé à 180 ° C en haut/bas jusqu'à ce qu'il soit doré.

PAIN PLAT TURC.

INGRÉDIENTS POUR UNE PORTION.

Pour la pâte:

- ✓ 20 g de levure fraîche
- ✓ 1 cuillère à café de sucre
- ✓ 250 ml d'eau tiède
- ✓ 450 g de farine
- ✓ 1 cuillère à café de sel
- ✓ 2 cuillères à soupe d'huile (tournesol)
- ✓ 2 cuillères à soupe de yaourt (3.5%).

Pour la peinture:

- ✓ 1 cuillère à soupe de lait
- ✓ 1 cuillère à soupe d'huile
- ✓ Sésame
- ✓ Cumin noir.

PRÉPARATION

Temps total environ 2 heures 20 minutes.

1. Tout d'abord, dissolvez la levure, le sucre et l'eau tiède dans un bol.
2. Ajoutez ensuite la farine et pétrissez légèrement la quantité.
3. Ajoutez maintenant le sel, l'huile et le yaourt et pétrissez le tout pour obtenir une pâte à levure lisse et former une boule.
4. Laissez la pâte lever dans un endroit chaud pendant 1 heure. Après le 1er temps de repos, versez la pâte sur le plan de travail légèrement fariné et mettez-la soigneusement en forme. Vous pouvez lui donner une forme ronde ou ovale, selon votre préférence. Placez maintenant la pâte sur une plaque à pâtisserie recouverte de papier sulfurisé. Ici, vous pouvez encore embellir la forme. Couvrez la pâte et laissez-la lever pendant encore 20 minutes. Après ce 2ème temps de repos, vous pressez des trous dans la pâte avec vos doigts, appuyez un peu plus fort, les bosses remontent rapidement lorsque la pâte est prête pour le four.
5. Maintenant, étalez soigneusement le mélange lait-huile sur la pâte et saupoudrez la pâte de sésame et/ou de cumin noir.
6. Préchauffez le four à 200 ° C air chaud. Le pain plat est cuit pendant environ 20 minutes.
7. Immédiatement après la cuisson, placez le pain sur une grille et couvrez-le d'un torchon. Il sera alors bien moelleux. Si vous le préférez croustillant, ne le couvrez pas!

ACMA TURC AU FROMAGE DE BREBIS ET AUX LÉGUMES.

INGRÉDIENTS POUR 6 PORTIONS.

Pour la pâte:

- ✓ 100 ml d'eau
- ✓ 100 ml de lait
- ✓ 100 ml d'huile
- ✓ 200 g de fromage blanc
- ✓ 1 cuillère à soupe de sel
- ✓ 3 cuillères à soupe de sucre
- ✓ 2 pck. Levure fraîche
- ✓ 100 ml de crème
- ✓ 700 g de farine
- ✓ 1 pck. Poudre à lever.

Pour la garniture:

- ✓ 200 g de fromage de brebis
- ✓ ½ frette de persil.

Pour la décoration:

- ✓ 10 Tomate cerise
- ✓ 2 Piments forts
- ✓ 10 olives.

En plus de cela:

- ✓ 1 jaune d'œuf.

PRÉPARATION

Temps total environ 2 heures 5 minutes.

1. Mélangez tous les ingrédients liquides pour la pâte. Mélangez la farine et la levure chimique, ajoutez-les progressivement et préparez la pâte. Laissez la pâte lever dans un endroit chaud pendant 45 minutes.
2. Façonnez la pâte en petites boules, en vous badigeonnant les mains d'huile. Tapissez une plaque à pâtisserie de papier sulfurisé et versez-y les boules. Badigeonnez vos mains d'huile de temps en temps. Faites un puits dans les boules avec vos doigts et remplissez-les de fromage de brebis et de persil. Décorez avec des tomates, des poivrons et des olives et laissez les boules lever pendant encore 15 minutes.
3. Badigeonnez-les d'un jaune d'œuf et faites-les cuire dans le four préchauffé à 160 ° C en haut/bas pendant 20-25 minutes.

BŒUF À LA TURQUE.

INGRÉDIENTS POUR 4 PORTIONS.

- ✓ 800 g de bœuf (côte de bœuf ou épaule plate, provenant par exemple du bœuf Galloway)
- ✓ 4 oignons moyens à gros
- ✓ 6 orteils d'ail
- ✓ 1 cuillère à café de cumin en poudre
- ✓ 1 cuillère à café de paprika en poudre
- ✓ ½ cuillère à café de curcuma
- ✓ 1 cuillère à café d'herbes méditerranéennes séchées
- ✓ ½ cuillère à café de sel de mer
- ✓ 1 cuillère à soupe de concentré de tomates
- ✓ 400 g Haricots verts larges
- ✓ 2 Carottes
- ✓ ½ tige de poireau
- ✓ 1 cuillère à café d'huile d'olive.

PRÉPARATION

Temps total environ 1 heure 55 minutes.

1. Coupez la viande en cubes, lavez les légumes, coupez-les en petits morceaux, et coupez l'ail en morceaux très fins.
2. Faites revenir la viande dans un peu d'huile, ajoutez les légumes sauf les haricots, ajoutez le concentré de tomates et les épices et laissez mijoter doucement pendant environ 45 minutes. Ajouter ensuite les haricots hachés et laisser cuire le tout jusqu'à ce que les haricots soient suffisamment tendres. Cela prend environ 20 minutes.
3. Servir avec du riz ou des pommes de terre.

GÂTEAU AU CHOCOLAT TURC.

INGRÉDIENTS POUR 1 PORTION.

- ✓ 4 Œuf
- ✓ 2 verres de sucre
- ✓ 1 verre de lait
- ✓ 1 verre d'huile de tournesol ou autre huile neutre
- ✓ 1 pck. Sucre vanillé
- ✓ 3 cuillères à soupe de cacao de boulangerie
- ✓ 1 paquet Poudre à lever
- ✓ 2 verres de farine.

PRÉPARATION

Temps total environ 55 minutes.

1. Mélangez tous les ingrédients sauf la levure et la farine. Prélever un verre de cette pâte et le mettre de côté car ce sera plus tard le "glaçage au chocolat".
2. Ajoutez maintenant la farine et la levure chimique. Versez la pâte dans un moule haut. Les cocottes carrées conviennent bien, pas une plaque à pâtisserie car elle est trop grande.
3. Le gâteau prend environ 45 minutes sur le thermostat 3. Sortez ensuite le gâteau du four et versez le nappage dessus. Le gâteau doit être encore bien chaud.

PLAT DE NOUILLES TURQUES.

INGRÉDIENTS POUR 4 PORTIONS.

- ✓ 500 g de pâtes
- ✓ 300 g de viande de bœuf hachée
- ✓ 1 cuillère à soupe d'huile d'olive
- ✓ 2 Oignon, très finement haché ou râpé
- ✓ 3 Tomate, dénoyautée, pelée, ou en conserve
- ✓ 3 Paprika, coupé en fins cubes
- ✓ 1 tasse d'eau
- ✓ Sel et poivre
- ✓ 300 g de yaourt nature
- ✓ 2 cuillères à soupe d'huile d'ail
- ✓ Paprika en poudre, rose vif.

PRÉPARATION

Temps total environ 25 minutes.

1. Faites revenir la viande hachée et les oignons dans l'huile jusqu'à ce qu'ils soient dorés. Couper les tomates en morceaux, les ajouter à la viande avec le paprika et le concentré de tomates et les faire revenir brièvement. Ajouter l'assaisonnement et l'eau. Laisser mijoter jusqu'à ce que les poivrons soient suffisamment tendres.
2. Écraser l'ail avec 1 cuillère à café de sel sur une planche pour en faire une pulpe et l'incorporer au yaourt.
3. Cuire les pâtes. Disposer avec la sauce hachée dans des assiettes. Chacun peut mettre la sauce froide au yaourt par-dessus et ensuite mélanger.
4. Si vous n'aimez pas l'ail, vous pouvez utiliser du parmesan.

RIZ À LA TURQUE.

INGRÉDIENTS POUR 4 PORTIONS.

- ✓ 2 tasses de riz (turc)
- ✓ 2 cuillères à soupe de margarine
- ✓ 2 cuillères à soupe de nouilles (nouilles de riz)
- ✓ 5 c. à soupe d'huile (huile de tournesol ou huile végétale)
- ✓ 2 cuillères à café de sel
- ✓ 1 morceau de sucre en morceaux.

PRÉPARATION

Temps total environ 20 minutes.

1. Tout d'abord, le riz doit être soigneusement lavé.
2. Pour ce faire, mettez le riz dans un bol ou une tasse à mesurer et remplissez-le d'eau bouillante. Laissez le riz dans l'eau pendant au moins 45 minutes, puis mettez-le dans une passoire et lavez-le à nouveau sous l'eau courante jusqu'à ce que l'eau soit claire.
3. Faites chauffer la margarine dans une poêle profonde et faites-y frire les nouilles de riz jusqu'à ce qu'elles soient brunes. Ajouter ensuite le riz et l'huile et faire légèrement revenir le riz, en remuant constamment, jusqu'à ce qu'il soit légèrement translucide.
4. Ajoutez 2 tasses d'eau bouillante, mélangez le sucre en morceaux et le sel et couvrez la casserole avec un couvercle. Dès que l'eau bout, baissez la température et laissez le riz mijoter à basse température pendant environ 15 minutes.
5. Retirez la casserole de la plaque de cuisson, couvrez le riz avec un torchon ou un linge de cuisine, mettez le couvercle et laissez-le reposer quelques minutes!

DISH ANTIPASTI.

INGRÉDIENTS POUR 6 PORTIONS.

- ✓ 3 Pâte à tarte (yufka ou pâte filo)
- ✓ 1 Œuf
- ✓ 2 cuillères à soupe d'huile d'olive
- ✓ 3 cuillères à soupe d'eau
- ✓ Pois chiches, lentilles ou similaires pour la cuisson à l'aveugle
- ✓ 2 cuillères à soupe de sésame
- ✓ 2 Aubergines (mini aubergines, rayées blanc-violet)
- ✓ 4 grands champignons
- ✓ 2 petits poivrons, vert clair
- ✓ 1 courgette
- ✓ 2 gousses d'ail, hachées
- ✓ 1 Piment rouge, frais, haché
- ✓ Persil, lisse, frais
- ✓ 1 cuillère à soupe de Balsamique, léger
- ✓ Sel et poivre

- ✓ 1 petite boîte de Tomate, égouttée
- ✓ Menthe
- ✓ Jus de citron
- ✓ Graisse pour la forme
- ✓ Huile d'olive pour la friture.

PRÉPARATION

Temps total environ 1 heure.

1. Etalez bien une assiette de yufka sur une surface lisse. Mélangez l'œuf et l'huile d'olive. Badigeonnez ou faites tomber le mélange œuf-huile généreusement sur l'assiette et placez soigneusement une autre assiette par-dessus, aussi lisse que possible. Badigeonnez à nouveau et placez la troisième assiette par-dessus. Coupez les coins les plus épais et découpez 12 carrés d'une longueur d'environ 10 cm. Placez les carrés dans un moule à muffins graissé, drapez bien les coins et remplissez-les de pois chiches, de lentilles ou autres pour une cuisson à l'aveugle. N'en mettez pas trop, sinon la pâte sera pâteuse au fond du moule.
2. Faites cuire dans un four préchauffé à 180 ° C pendant environ 15-20 minutes jusqu'à ce que les coins soient légèrement bruns et croustillants. Retirez-les du moule pour les laisser refroidir.
3. Nettoyez les légumes frais et coupez-les en fines lamelles d'environ 5 cm de long et 1 cm de large. Gardez les aubergines séparées, si nécessaire (selon la variété, les aubergines à rayures blanches n'en ont pas besoin). Laissez-les reposer pendant 10 minutes, en les saupoudrant de sel. Faites cuire les légumes à la vapeur dans l'huile d'olive chaude jusqu'à ce qu'ils soient tendres mais encore fermes à la morsure. Déglacer avec le vinaigre balsamique et réserver. Faites frire les aubergines dans un peu plus d'huile et de l'ail haché jusqu'à ce qu'elles soient brunes, mélangez-les avec le reste des légumes (utilisez l'huile de la poêle !). Assaisonnez à votre goût avec de l'ail et du piment finement hachés, du persil et de la menthe, du sel et du poivre.
4. Écraser finement les tomates en conserve à l'aide d'une fourchette - assaisonner à votre goût avec du sel et du poivre et un peu de jus de citron. (Vous pouvez aussi prendre de la sauce tomate toute prête en bocal, je l'ai faite moi-même). Astuce : Si vous aimez, vous pouvez mettre une cuillerée de crème Fraiche sur le bord de l'assiette.
5. Répartir 2-3 cuillères à soupe de sauce tomate à plat sur une assiette et garnir de persil plat. Placez deux des paniers de yufka sur chaque assiette. Versez 1 à 2 cuillères à soupe de légumes dans chacun et servez.
6. Ce plat peut être servi chaud, tiède ou bien refroidi, selon la saison et le goût.

POGACA TURQUE FOURRÉE AU FROMAGE.

INGRÉDIENTS POUR UNE PORTION.

Pour la pâte:

- ✓ 1 pck. Levure fraîche
- ✓ 200 ml d'eau tiède
- ✓ 80 ml de lait, tiède
- ✓ 200 g de yaourt nature
- ✓ 1 cuillère à soupe de sucre en poudre
- ✓ 700 g Farine, jusqu'à 850 g
- ✓ 1 pck. Poudre à lever
- ✓ 100 ml Huile végétale, neutre
- ✓ 1 cuillère à soupe de sel.

Pour la garniture:

- ✓ 200 g de fromage Feta
- ✓ 1 bouquet de persil lisse
- ✓ En plus de cela
- ✓ 2 jaunes d'oeufs
- ✓ 2 cuillères à soupe de lait.

Pour saupoudrer:

- ✓ Sésame
- ✓ Cumin noir.

PRÉPARATION

Temps total environ 2 heures 50 minutes.

1. Tout d'abord, on dissout la levure (la levure sèche fonctionne aussi) dans l'eau tiède. Ajoutez ensuite le lait tiède, le yaourt naturel et le sucre et mélangez-les bien au liquide. La farine est mélangée à la levure chimique, ajoutée progressivement au liquide et bien pétrie. Vous pouvez le faire avec vos mains ou avec un robot ménager. Lorsque la moitié environ de la farine a été incorporée, ajoutez l'huile et le sel. Ensuite, le reste de la farine est incorporé par pétrissage. Lorsqu'une pâte à levure lisse et légèrement collante s'est formée, couvrez-la d'un torchon de cuisine humide et laissez-la pendant 1 ½ heure jusqu'à ce qu'elle ait augmenté son volume de manière significative.
2. Pendant ce temps, la garniture peut être préparée. Pour ce faire, râpez la feta, hachez grossièrement le persil plat, puis mélangez les deux.
3. Après le temps de levée, on forme des boules de même taille à partir de la pâte, qui doit avoir la taille d'une petite orange. Conseil : Comme la pâte est un peu collante, il est utile de se graisser les mains avec une fine couche d'huile lors du moulage. Les morceaux de pâte doivent ensuite reposer à nouveau pendant 15 minutes. Cela permet de détendre la pâte et de la rendre plus facile à étaler. Il faut également les recouvrir afin qu'ils ne se dessèchent pas. Le mieux est d'utiliser du film alimentaire.
4. Après le temps de repos, les boules de pâte sont abaissées en une forme ovale et coupées à peu près au milieu. On le voit mieux dans la vidéo. Le côté non incisé est rempli, puis la boulette peut être roulée. La pogaca peut avoir la forme d'un croissant ou d'un escargot. Selon votre goût. Enfin, ils sont placés sur une plaque de cuisson recouverte de papier sulfurisé, badigeonnés du mélange de jaune d'œuf et de lait, et saupoudrés de sésame et de cumin noir.
5. À 165 ° C en haut/bas, les pogaca sont ensuite cuits en jaune doré dans un four préchauffé pendant 20-22 minutes.
6. Immédiatement après la cuisson, ils sont légèrement croustillants à l'extérieur. Les pogaca deviennent agréables et moelleux après environ 10 minutes de refroidissement, comme ils doivent l'être..

WRAP TURC AVEC TANTUNI DE VEAU.

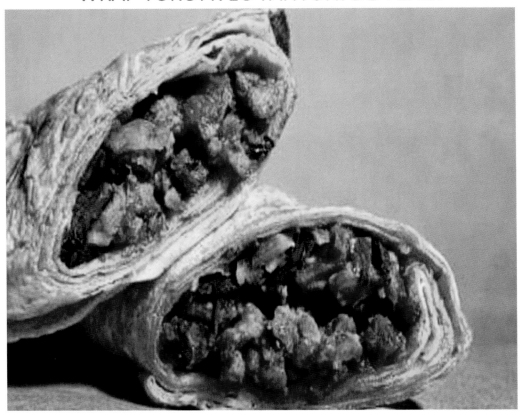

INGRÉDIENTS POUR 4 PORTIONS.

- ✓ 500 g de viande de veau, déchiquetée
- ✓ 1 cuillère à soupe de beurre
- ✓ 2 cuillères à soupe d'huile d'olive légère
- ✓ ½ cuillère à café de castor Pul
- ✓ Cumin en poudre, facultatif
- ✓ Sel et poivre, fraîchement moulus
- ✓ 4 Tortillas
- ✓ 1 Oignon, coupé en tranches
- ✓ 1 tomate, coupée en tranches
- ✓ 1 Piment fort, facultatif, en tranches
- ✓ Herbes.

PRÉPARATION

Temps total environ 20 minutes.

1. Faites chauffer le beurre et l'huile d'olive dans la poêle, saisissez la viande, et faites-la rôtir à votre goût. Assaisonnez la viande avec du cumin, du sel, du poivre et des flocons de piment. Mettez la viande de côté et gardez-la au chaud.
2. Chauffez les tortillas dans une poêle pendant 1 à 2 minutes des deux côtés, l'une après l'autre, puis étalez-les sur une planche. Dans le tiers supérieur, répartissez horizontalement un quart de la garniture de viande en ligne, en laissant 2 à 3 doigts de large libres sur les côtés longs. Garnissez la viande de tomates, de poivrons, d'oignons et d'herbes aromatiques, selon votre choix. Replier les côtés longs libres sur la garniture et rouler comme un cigare en commençant par le haut. Couvrir toutes les tortillas de cette façon.
3. Pour servir, coupez les tortillas en diagonale au milieu. Servir avec de l'ayran.

CASSEROLE DE CHOU BLANC TURC.

INGRÉDIENTS POUR 4 PORTIONS.

- ✓ 1 Chou blanc
- ✓ 2 oignons
- ✓ 6 cuillères à soupe de beurre
- ✓ 400 g de bœuf haché ou d'agneau haché
- ✓ 2 cuillères à café de paprika en poudre, rose vif
- ✓ Sel et poivre
- ✓ 250 ml de soupe à la viande
- ✓ 3 cuillères à soupe de concentré de tomates
- ✓ 100 g Fromage râpé (fromage Kaşar ou Gouda)
- ✓ 3 Œufs
- ✓ 250 ml de lait
- ✓ Cumin.

PRÉPARATION

Temps total environ 1 heure 50 minutes.

1. Retirez les feuilles extérieures du chou. Coupez le chou en quatre et retirez le trognon. Lavez le chou et coupez-le en lanières de l'épaisseur d'un doigt. Peler et hacher finement les oignons.
2. Faites chauffer le beurre dans une casserole et faites revenir les oignons jusqu'à ce qu'ils soient translucides. Ajoutez la viande hachée et faites-la revenir pendant 5 minutes. Ajoutez le chou blanc, le sel, le poivre et le paprika en poudre. Mélangez le bouillon de viande avec le concentré de tomate et ajoutez au mélange de viande hachée et de chou. Faites mijoter le tout pendant environ 30 minutes.
3. Préchauffez le four à 180 degrés en haut/bas.
4. Mettez le tout dans un plat à four beurré. Saupoudrer le fromage râpé sur le dessus. Fouettez les œufs pendant 2 minutes, puis ajoutez le lait et un peu de sel. Mélangez bien le tout. Versez ce mélange sur la cocotte et faites cuire le tout au four pendant environ 20-30 minutes.

Autres livres de recettes par Michelle Lee

- ➤ Livre de recettes méditerranéennes
- ➤ Livre de recettes végétariennes
- ➤ Livre de recettes allemandes
- ➤ Livre de recettes italiennes
- ➤ Recettes de smoothie faciles
- ➤ Livre de recettes espagnoles
- ➤ Livre de recettes russes
- ➤ Livre de recettes indiennes
- ➤ Livre de recettes mexicaines
- ➤ Livre de recettes philippines
- ➤ Livre de recettes françaises
- ➤ Livre de recettes grecques
- ➤ Livre de recettes coréennes
- ➤ Livre de recettes de Ramen.
- ➤ Livre de recettes italien 2
- ➤ Livre de recettes chinoises
- ➤ Asiatique livre de recettes.
- ➤ Livre de recettes portugaises
- ➤ Livre de recettes turques
- ➤ Livre de recettes polonais.
- ➤ Livre de recettes cajun
- ➤ Livre de recettes irlandais
- ➤ Livre de recettes japonais.

Livres de recettes de vacances de Michelle Lee

- ➢ Livres de cuisine de Thanksgiving
- ➢ Hanukkah Livre de recettes.
- ➢ Livre de recettes pour les fêtes de fin d'année.
- ➢ Biscuits de vacances
- ➢ Gâteaux de vacances
- ➢ Party Food Cookbook
- ➢ Livre de recettes pour les fêtes
- ➢ Livre de recettes de desserts pour les fêtes
- ➢ Livre de recettes de Kwanza
- ➢ Jour de l'an Livre de recettes.
- ➢ Janvier Livre de recettes.
- ➢ Quick & Easy Bowl livre de recettes livre de recettes.
- ➢ Livre de recettes du jour du Super Bowl.